Eingang am: 18.01.2013
Eigentümer: Dieter Reiter

Die deutschen Grenzfestungen

Vom Mittelalter bis zur Neuzeit

MELCHIOR
Historischer Verlag

Die Burg bei Kaub im Rhein

[gegründet 1327 von Ludwig dem Bayern als Rheinzollburg]

Die deutschen Grenzfestungen

Vom Mittelalter bis zur Neuzeit

von
Manfred Neugebauer

M
© Melchior Verlag
Wolfenbüttel
2011
ISBN: 978-3-942562-29-4
www.melchior-verlag.de

Schloss Falkenstein im Ostharz

[zuerst Reichsburg, dann asseburgisch – der Kern des Turms ist romanisch]

Inhaltsverzeichnis

Einleitung

Im geopolitischen Sinn versteht man unter Grenze „den Flächenraum, in dem zwei Staatsgebiete aneinander stoßen."

Im engeren Sinn bezeichnet man als Grenze eine [künstliche] Linie, durch die zwei Staaten voneinander getrennt sind.

Im weiteren Sinn ist „Grenze" eine mehr oder weniger breite Zone, die durch Oberflächenformen wie Meere, Seen, Flüsse, Gebirge oder auch Wüsten verkehrshemmend wirkt.

So finden wir die Grenzfestungen Deutschlands im Mittelalter zwar noch unmittelbar an der Grenze [im engeren Sinn] eines meist kleinen Gebietes gelegen, später allerdings sind diese Grenzfestungen in der Regel an den großen Flüssen usw. [Grenze im weiteren Sinn] zu finden.

Deutschlands Grenzen

Wenn man über die Grenzfestungen Deutschlands schreiben will, muss man sich immer darüber im Klaren sein, dass sich diese Grenzen stetig verändert haben – im Inneren wie auch nach außen.

Im Inneren

Das erste Deutsche Reich war kein einheitlicher Staat. Der Kaiser stand gegen den Papst, Fürsten standen gegen den Kaiser oder bekriegten sich gegenseitig. Katholiken kämpften gegen Protestanten [um nur einiges anzudeuten]. Auch gab es mehrere bedeutende Gebietsloslösungen vom Deutschen Kaiserreich [z. B. von Holland und der Schweiz].

Erst im wilhelminischen Kaiserreich schien sich Deutschland zu einem Nationalstaat mit festen Grenzen zu entwickeln.

Kreiseinteilung des Deutschen Reiches zu Beginn des 16. Jahrhunderts

Nach außen

Kompliziert wurden die innerdeutschen Querelen durch das Ein- oder Angreifen ausländischer Mächte. Hier zeigte sich während des gesamten ersten Deutschen Reiches, dass die deutschen Staaten nie einheitlich auf einer Seite waren, sondern es oft mit der in die deutschen Verhältnisse eingreifende ausländische Macht hielten.

Gebietsbestimmung des Deutschen Reiches

Das Gebiet des ersten Deutschen Reiches war nie wirklich festgelegt. Einen Momenteindruck dieses Gebietes bietet die Kreiseinteilung Deutschlands unter Kaiser Maximilian I.

Die Einteilung in Kreise

Zu Beginn des 16. Jahrhunderts wurde das deutsche Reichsgebiet in 10 Kreise eingeteilt.

In dieser Zeit gehörten im Westen noch die Niederlande, Belgien, Luxemburg, Lothringen sowie das Elsass und Burgund zum Deutschen Reich.

Das südliche Reichsgebiet bildete Savoyen, die Schweiz sowie Österreich mit Tirol und Kärnten. Die Schweiz gehörte jedoch zu keinem Kreis, sie war nicht „eingekreist". Zu Österreich kamen später [bis zur Mitte des 19. Jahrhunderts] die Lombardei und Venetien hinzu.

Im Norden [Niedersächsischer Kreis] reichte das deutsche Reichsgebiet nur bis Holstein. Schleswig gehörte nicht dazu. Den Osten des Reiches bildeten der obersächsische Kreis mit Pommern, Brandenburg und Sachsen.

Wie die Schweiz waren auch die Lausitz, Schlesien, Böhmen und Mähren nicht eingekreist, und das Gebiet des Deutschen Ordens gehörte überhaupt nicht zum deutschen Reichsgebiet. Die Kreiseinteilung zeigt aber, dass man diese offiziell zum Deutschen Reich zählte. Die Wirklichkeit sah allerdings in vielen Fällen ganz anders aus, wie aus den nachfolgenden Bemerkungen ersichtlich ist.

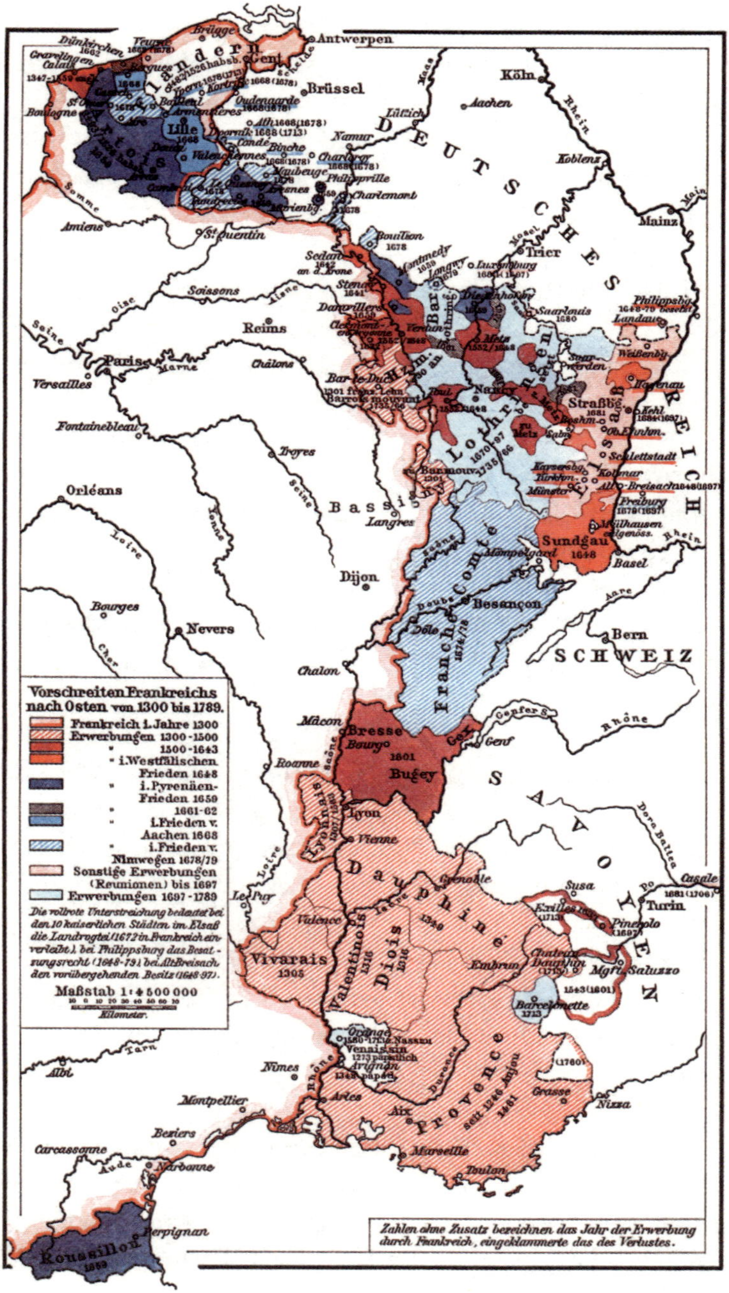

Die deutsch-französische Grenze von 1300 bis 1789

Burg Vianden in Luxemburg [erwähnt zuerst 1248]

Im Westen

Im Westen hatte sich seit dem 14. Jahrhundert Frankreich immer mehr an den Rhein herangeschoben. Nach dem Reichsdeputationshauptschluss [1803] wurde der Fluss die tatsächliche Grenze zu Frankreich. Wenig später gliederte Napoleon I. sogar das gesamte deutsche Küstengebiet der Nordsee an das übermächtige und alles beherrschende Kaiserreich Frankreich an.

Nach dem Untergang Napoleons veränderte sich die Landkarte Mitteleuropas erneut vollständig.

Im Norden

Selbst im Norden, wo die deutsche Grenze doch hauptsächlich durch die Nord- und Ostsee gebildet wurde, kam es ständig zu Grenzveränderungen. [Die Grenze von Schleswig-Holstein war stets in Bewegung. Auch sind hier die schwedischen Erwerbungen in Norddeutschland wie Vorpommern oder Bremen zu nennen].

Im Osten

In diese Richtung hat sich Deutschland immer mehr ausgedehnt: Von der Erwerbung der Gebiete östlich der Elbe bis zu der Eroberung Preußens [Schutzbrief Kaiser Friedrichs II., aber kein Gebiet des Deutschen Reiches] durch den Deutschen Orden. In der Auseinandersetzung mit Polen hat sich auch das Ordensgebiet sowohl in Status wie auch in der Größe oftmals verändert.

Ruine Wernerseck in Rheinland-Pfalz

Im Süden

Hier kann die deutsche Grenze im Mittelalter nur über die Bestimmung von einzelnen Gebieten Italiens, Österreichs und der Schweiz genauer definiert werden.

Zu nennen sind die ständigen Italienzüge der deutschen Kaiser. Anspruch auf ein Gebiet und tatsächlicher Besitz klaffte damals oft auseinander. Als Beispiel kann hier die Schweiz dienen. Die Schweizer versuchten sich schon recht früh von den Ansprüchen der deutschen Kaiser zu befreien. Doch erst seit 1648 gehörte die Schweiz auch de jure nicht mehr zum Deutschen Reich.

Die deutsche Westgrenze nach dem Reichsdeputationshauptschluss [1803]

Mainz vom gegenüberliegenden Rheinufer aus gesehen

Wellmich am Rhein mit Burg „Maus“

Die Grenzfestungen Deutschlands

Für das Mittelalter sollen das Magdeburg Ottos des Großen, die Stauferburgen in Deutschland sowie die Burgen am Rhein und im deutschen Ordensland vorgestellt werden.

Aus späterer Zeit werden einige preußische Festungen besprochen, aus neuerer Zeit die Bundesfestungen des Deutschen Bundes sowie die Grenzfestungen des wilhelminischen Kaiserreichs. Abschließend wird die Desarmierung Deutschlands nach dem Ersten Weltkrieg behandelt und auf die deutschen Festungen während der Weimarer Republik eingegangen.

Das Dritte Reich, das sich ab 1935 nicht mehr um die Versailler Verträge kümmerte und hemmungslos aufrüstete, hat ab 1936 mit dem Bau des Westwalls begonnen und dessen Ausbau ab 1938 [also kurz vor Beginn des Zweiten Weltkrieges] äußerst forciert. An der Ostgrenze, von wo aus die deutschen Truppen ab 1939 auf dem Vormarsch waren, hat es eine vergleichbare Verteidigungsanlage nicht gegeben.

Landsberg [Straßenbrücke über die Warthe]

Als sich nach der Niederlage bei Stalingrad die deutschen Truppen immer mehr zurückziehen mussten, ist es schließlich auch im Osten zum Ausbau der Grenzfestungen gekommen: Allerdings geschah alles sehr schnell und provisorisch.

Die Festung Königsberg z.B. war militärisch längst veraltet und der Ausruf der Stadt Breslau zur Festung war militärisch völlig sinnlos. Zuletzt bildeten nur die großen Flüsse ein ernsteres Hindernis für die vorrückenden russischen Truppen.

Frankfurt an der Oder [Nikolaikirche und Bollwerk]

Die Burgen des Mittelalters

Ursprünglich verstand man unter „Burg" jeden durch Wall und Graben befestigten Platz, insbesondere aber den befestigten Wohnsitz eines Grundherrn.

Burgen werden in Wasserburgen [meist regelmäßige Anlagen mit Ecktürmen in Teichen oder mit Wassergraben umgeben] und Höhenburgen unterschieden. Höhenburgen sind meist auf vereinzelten Anhöhen oder an Rändern steiler Flussufer angelegt.

Schema einer Festung vor Einführung der Feuerwaffen

Der Bau von gemauerten Burgen erfolgte im deutschen Raum erst zu Beginn des zweiten Jahrtausends. Davor hat es hauptsächlich Holzburgen gegeben. Als im 15. Jahrhundert die Pulverwaffen aufkamen, waren viele Burgen nicht mehr brauchbar. Nur manche konnten nach den Anforderungen der Zeit zu förmlichen Festungen ausgebaut werden, die auch die Wirren des Dreißigjährigen Krieges überstanden.

Rhein: St. Goarshausen mit Burg „Katz“

Rhein: Die Ruinen Liebenstein und Sterberg
[bei Bad Salzig]

Die Festungen

Aus dem ständigen Wechsel von immer neuen Angriffswaffen und daraufhin verstärkten Befestigungen gingen natürlich wiederum zahllose Befestigungs- und Festungssysteme hervor.

> Unter Festung versteht man einen befestigten Stützpunkt, der den Angriffen eines Feldheeres [selbst wenn dieses mit stärksten Kampfmitteln ausgerüstet ist] längeren Widerstand leisten kann.
>
> Von Wichtigkeit für eine Festung deren ist geopolitische Lage und ihre technische Ausgestaltung.
>
> Eine Festung soll in der Regel den Aufmarsch des eigenen Heeres sichern, an Strömen den Übergang gewährleisten bzw. den des Gegners verhindern. Außerdem haben Festungen die Aufgabe, Engpässe oder wichtige Verkehrswege [z. B. Eisenbahnlinien] zu sperren. Auch können sie als Stationierungsort von Soldaten sowie als Depot für militärisches Material dienen.

Vor der Erfindung der Feuerwaffen unterschieden sich Festungen von Burgen nur durch ihre Größe und Stärke.

Nach Einführung dieser bedrohlichen und durchschlagskräftigen Waffen mussten Befestigungen grundsätzlich neu konzipiert werden, denn ein Angreifer war damit jetzt in der Lage, die ungedeckten Festungsmauern schon aus sicherer Entfernung zu beschießen. Die Angegriffenen hingegen konnten nur wenig Widerstand leisten. Denn in der Regel war es ihnen nicht möglich, auf den schmalen Mauern oder in den engen Türmen selbst Kanonen aufzustellen. Wenn sich eine Festung mit Geschützen verteidigen wollte, musste vor allem der Aufstellungsraum für Geschütze verbreitert und die Türme erheblich vergrößert werden.

Burgruine Reichenberg

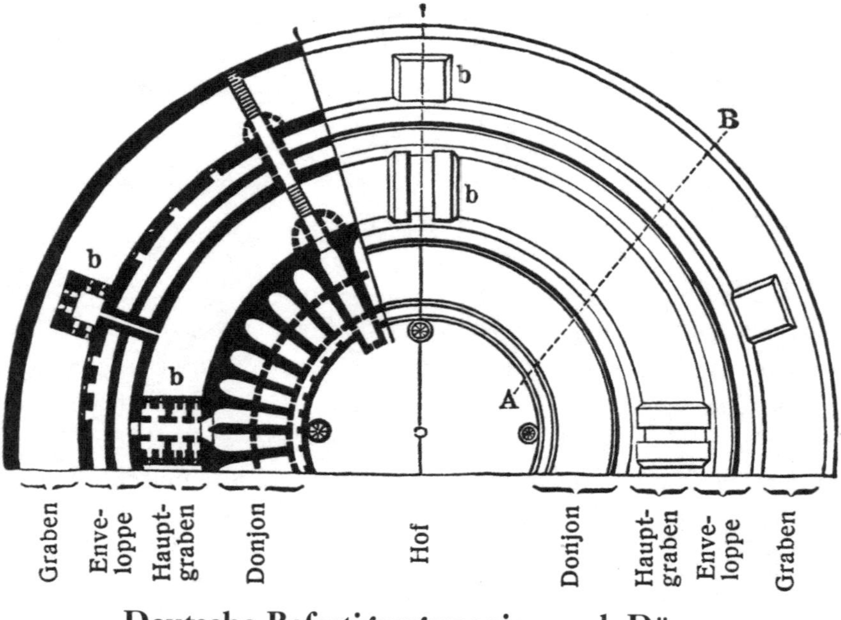

Deutsche Befestigungsmanier nach Dürer

Bei Neubauten stellte man nun die vor dem Wall liegende Mauer auf die Sohle eines tiefen und breiten Grabens. Damit war ihre untere Hälfte der Beschießung entzogen. Die Mauertürme ersetzte man durch Basteien, die soweit über den Graben hervorsprangen, um diesen flankieren zu können.

Seit dem 16. Jahrhundert unterschied man mehrere, recht verschiedenartige Befestigungssysteme.

Die deutsche Befestigungsmanier geht auf Dürer zurück. In Italien kam die bastionierte Befestigung auf. In den Niederlanden wiederum zeichneten sich Festungen durch breite Wassergräben und Erdwälle ohne Außenbekleidung aus.

Im 17. Jahrhundert bauten die Franzosen Festungen nach der sogenannten „neuitalienischen Manier", wobei der bastionierte Grundriss weiter vervollkommnet wurde – Vauban führte diesen auf einfache Formen und Grundsätze zurück.

Nach 1815 wurden in Deutschland Festungen nach der „neupreußischen Befestigungsmanier" errichtet, in der Friedrich der Große schon vorher die Festungen Neiße und Glatz angelegt hatte.

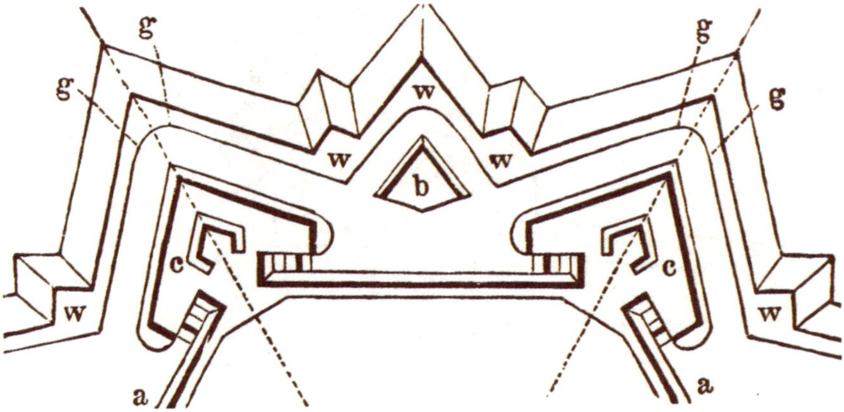

Festungsanlage in „neuitalienischr Manier"

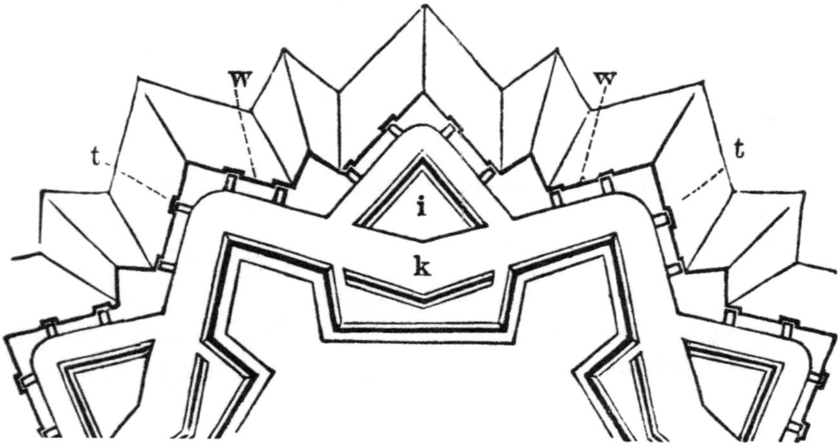

Front nach Vauban [1. Manier]

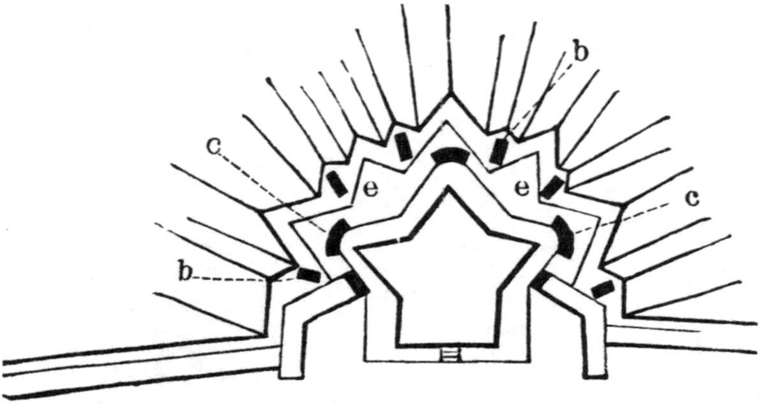

Hauptfort der Enceinte Friedrichs II.
b) Blockhäuser, c) Reserverkamponnieren, e) Enveloppe

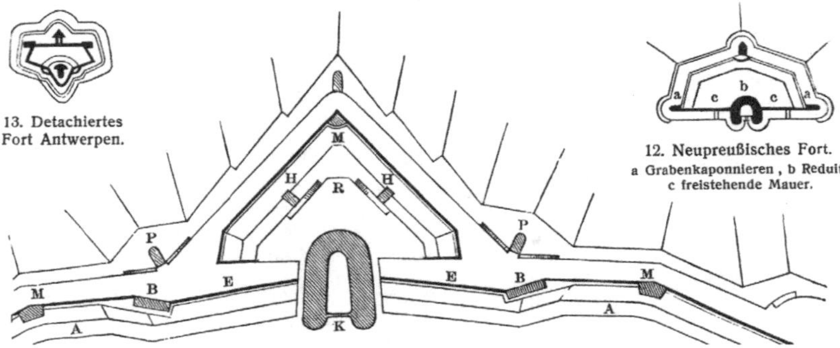

Front des „neupreußischen Systems“
A) Hauptwall B) Kasemattierte Batterien E) freistehende Eskarpenmauer H) Holtraversen K) Kaponniere M) kasemattierte Mörserbatterien P) Blockhäuser R) Ravelin

Das Bombardement von Schweidnitz durch den preußischen General von Treskow [1758]

Mit dem Aufkommen gezogener Geschütze begann auf dem Gebiet des Festungsbaus eine völlig neue Epoche. Die vor der Umwallung [einer Stadt] liegenden Stützpunkte schob man auf 500 bis 600 m vor, wodurch die Forts eine größere Selbständigkeit erhielten.

Die Bruchpunkte der Umwallung erhielten Kavaliere [überhöhende Werke mit bombensicheren Hohlräumen].

Nach 1871 schob man die Forts immer weiter vor. Als detachierte Forts waren diese nun zehnmal so weit von der Festung entfernt wie noch 50 Jahre zuvor.

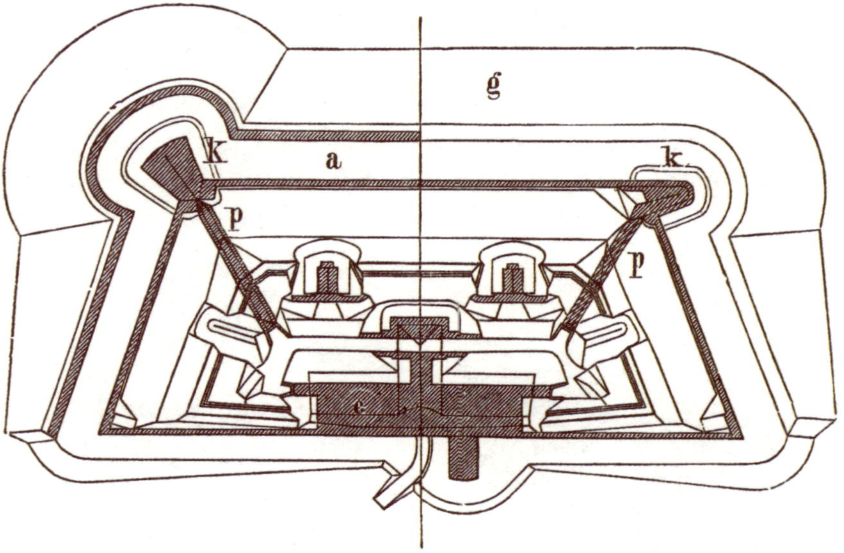

Grundriss eines Zwischenwerks

a) Graben b) Wohnkasematten k) Kaponnieren,
g) Glacis p) Poternen

Die Forts erhielten nun eine geringere Tiefenausdehnung und waren durch strengere Profilierung gegen einen indirekten Schuss besser geschützt. Die Geschütze der Verteidiger stellte man in Anschluss- oder Zwischenbatterien auf. In den Forts selbst dagegen standen nur noch wenige besonders weittragende Geschütze.

Zu Ende des 19. Jahrhunderts nötigte die weitere Ausbildung des schweren Steilfeuers, die Vergrößerung der Tragweite der Geschütze sowie die gesteigerte Geschosswirkung zu grundlegenden Änderungen im Festungsbau; Mauerwerk, auch solches mit starker Erdbedeckung und Vorlage, reichte als Schutz nicht mehr aus. An dessen Stelle trat Granit und Beton.

Jetzt kamen auch Panzerungen zur Verwendung, wie vorher längst gefordert. Erhöhten Wert legte man auf schwer zu vernichtende Sturmfreiheit: Äußere Grabenstreichen, Hindernisse auf und vor dem Glacis, Vertiefung des Grabens, Hindernisse im Graben und leichte bzw. schwere Schnellfeuerkanonen in Panzertürmen.

Im 20. Jahrhundert musste sich eine Festung dann auch gegen Gas- und Luftangriffe verteidigen können, wobei der Angreifer allerdings in der Regel im Vorteil blieb.

Die Befestigungsanlagen zu Beginn des 20. Jahrhunderts zeichneten sich durch geringe Erhebung über den gewachsenen Boden aus. Sie schmiegten sich eng an das Gelände an, ihre Hohlräume waren betoniert, lagen tief unter der Erde und waren durch zahlreiche Poternen [Verbindungsgänge] miteinander verbunden.

Außerdem besaßen sie zahlreiche gepanzerte Geschütz- und Beobachtungsstände. Die Kampfmittel waren nach Eigenart und Zweck von einander geschieden.

Schon vor dem Ersten Weltkrieg entstanden mancherorts an Stelle eines Einzelforts Gruppen von kleineren Befestigungswerken [Panzerfeste]. Die Westfront von Metz besaß z. B. mehrere solcher Festungen, ebenso gab es solche bei den Festungen Boyen, Straßburg, Molsheim und dem Isteiner Klotz.

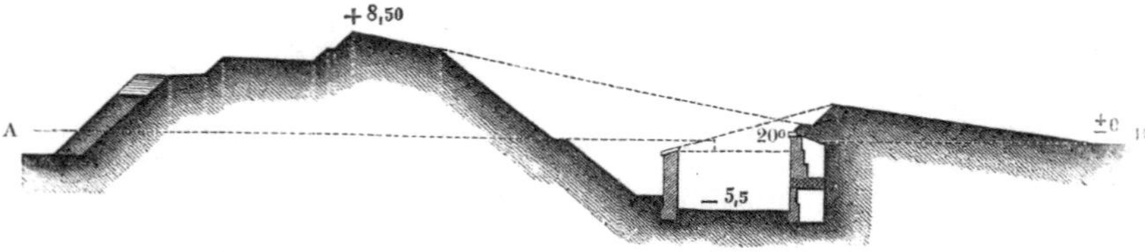

Querschnitt von A nach B durch die rechte Face eines Forts

Das Fort Tavannes bei Verdun [Ende des 19. Jh.]

Fort Neun bei Ingolstadt [Ende des 19. Jh.]

Der Festungskrieg

Im Mittelalter hatte man sowohl das Deckungsmaterial als auch das Stoßzeug der Antike [Römerzeit] im Wesentlichen beibehalten. Die Belagerungstechnik beruhte allerdings auf anderen Grundsätzen. Denn im Vergleich zur Antike muss die Belagerungstechnik des Mittelalters wohl als rückständig bezeichnet werden.

Als Festungskrieg bezeichnet man alle Kämpfe und Maßnahmen, die um den Besitz einer Festung geführt werden: Von der Lahmlegung einer Festung durch Einschließung bis hin zur wirklichen Eroberung.

Belagerungs- und Verteidigungstechnik
[Anfang 13. Jahrhundert]

Festungskrieg nach der Erfindung des Schießpulvers

Mit dem kriegsmäßigen Einsatz des Schießpulvers veränderte sich das Angriffsverfahren völlig. Hölzerne Annäherungs- und Deckungsmittel fielen nun weg, dagegen legte man Laufgräben oder Trancheen an, die im Laufe der Zeit immer mehr vervollkommnet wurden.

So gab es bald Parallelen, Verbindungs- und Annäherungsgräben: Von einer vor der Festung aufgebauten Batteriestellung [Parallele] gingen Annäherungswege in Richtung Festung. Diese waren zuerst schlangenförmig angelegt, später auch zickzackförmig. Zum Schutz gegen Ausfälle dienten in gewissen Abständen angelegte Schanzen.

Die zweite Stellung war dann bereits die Glaciskrönung.

Anmerkung:
Alle diese Erdarbeiten benannte man als „Sappen". Die Bezeichnung war bis zum Ende des 19. Jahrhunderts in Gebrauch.

Bei Glacis spricht man von einer vor dem Hindernisgraben einer Festung hergestellten Erdaufschüttung. Diese muss sich feindwärts so flach ins Vorfeld abböschen, dass kein toter Winkel entsteht.

Seit etwa 1500 kam die „Pulvermine" in Gebrauch und bedeutete den Anfang zu dem später oft praktizierten Minenkrieg.

Das 17. Jahrhundert

Für den Festungskrieg dieses Jahrhunderts stehen die Ideen und Vorstellungen des französischen Ingenieurgenerals Vauban im Mittelpunkt.

Mittels Bau von zusammenhängenden Parallelen [Infanteriestellungen] sowie durch Verwendung des Rikoschettschusses [bestreicht die angegriffene Linie der Länge nach] waren die Angreifer den Verteidigern meist überlegen.

Angriff einer Festung nach Vauban:
In der Regel legte Vauban drei Parallelen an, die durch Annäherungs- und Verbindungswege miteinander verbunden waren. In der ersten Parallele errichtete er Batterien.

Die Verteidiger versuchten dagegen den Bau der ersten Parallele sowie den der Batterien mit dem Einsatz von Kanonen zu verhindern. Konnten keine Geschütze eingesetzt werden, versuchten die Angegriffenen, die Erdarbeiten durch massiven Gewehrbeschuss, gelegentlichen Ausfällen und mit dem Einsatz von Minen zu behindern.

In der Mitte des 19. Jahrhunderts

Mit der Verwendung gezogener Geschütze änderte sich der Festungsbau grundlegend. Demzufolge musste jetzt eine völlig andere Angriffstaktik angewendet werden.

Das erste Ziel der Angreifer war es, die Verteidiger aus dem Vorgelände auf die Werke zurückzutreiben und dieses durch Feldbefestigungen zu sichern.

Danach kämpfte man mit Hilfe schwerer Geschütze die Streitkräfte sowie die Kampfmittel der Verteidiger planmäßig nieder und ging zuletzt – nach Zerstörung der Sturmfreiheit und der Flankierungsmaßnahmen – zum Sturmangriff über.

Solch ein Angriff gliederte sich in einen Fern- und einen Nahkampf. Für ein schnelles Gelingen kam es besonders auf das koordinierte Zusammenspiel von Infanterie und Artillerie an.

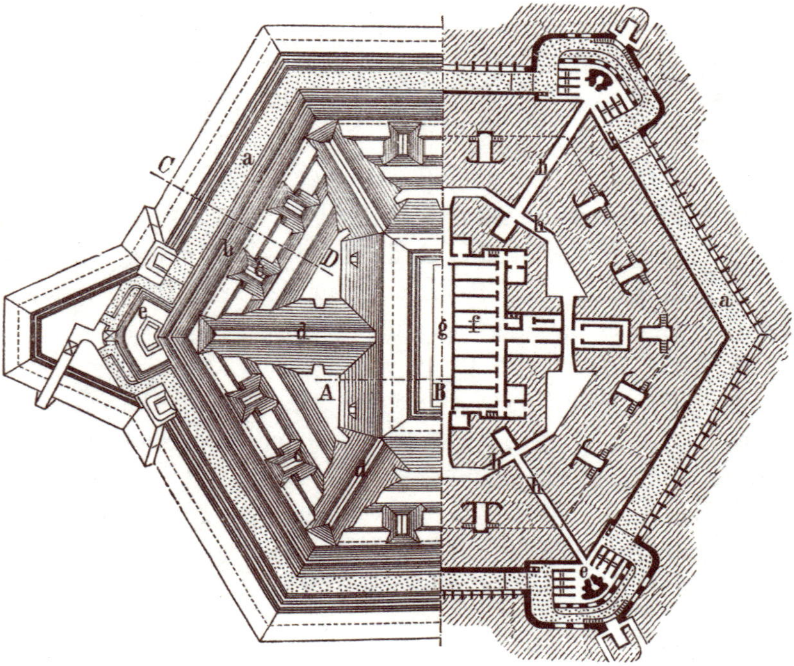

Grundriss eines Sperrforts

a) Graben b) Hauptwall c) Traversen d) Saillanttraversen
e) Kaponnieren f) Kasematten g) Hofraum h) Poternen

Unter einem Sperrfort versteht man eine einzelne Befestigungsanlage, die dem Feind bestimmte Geländeabschnitte bzw. Verkehrswege versperren soll.

Sperrforts können auch als zusammenhängende Sperrfortlinien angelegt sein.

Bei der Bekämpfung von Sperrforts kommt es auf schnelle Wegnahme an. Für den Angriff auf ein Fort kam eine Infanterie-Division zum Einsatz, die durch Artillerie [schwere Feldhaubitzen und Mörser], Pioniere [2 bis 3 Bataillone], einem Pionierbelagerungstrain, Luftschiffer und einer Telegraphentruppe verstärkt war.

Nach dem Deutsch-Französischen Krieg [1870/71]

Nach dem Deutsch-Französischen Krieg werden Festungen mit weit vorgeschobenen [detachierten] Forts errichtete.

Zum Angriff:
Der Angreifer wendet sich gegen ein oder zwei Forts, zerstört deren Flankierungsanlagen und kämpft die Zwischen- und Anschlussbatterien nieder. Durch die entstehende Lücke bricht der Angreifer vor, wobei er damit rechnen muss, auf eine Zwischenstelle der Verteidiger zu stoßen.

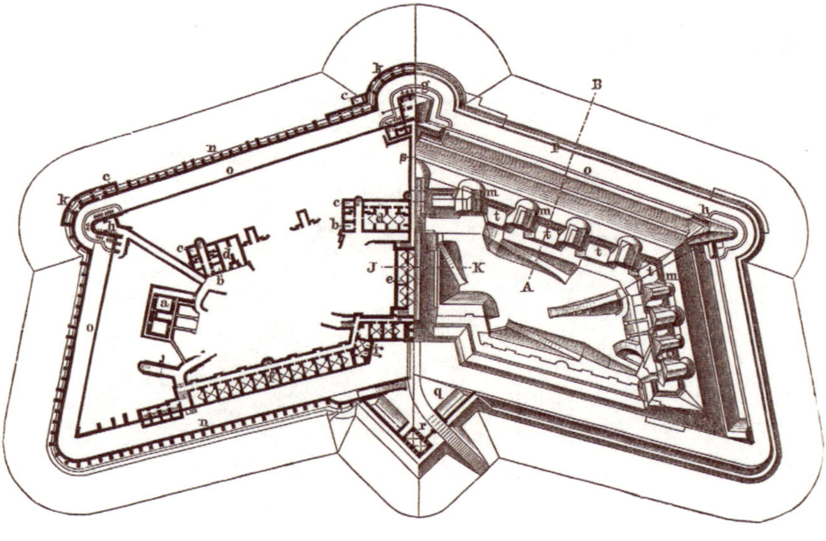

Detachiertes Fort

a Kriegspulvermagazin, b Geschoßladestelle, c Verbrauchspulvermagazin, d Speziallaboratorium, e Vorratsräume oder Kriegspulvermagazin, f Kehlkaserne, g Saillantkaponniere, h Schulterkaponnieren, i Flankenbatterie, k Reversgalerie, l Kapital- oder Mitteltraverse, m Traversen, n Dechargen-Kontreskarpe, o freistehende Eskarpenmauer, p Rondengang, q Kehlwaffenplatz, r Blockhaus (s. d.), s Mittelpoterne, t Geschützbänke. — Vor g, h, i oft Diamants (Trennungsgräben).

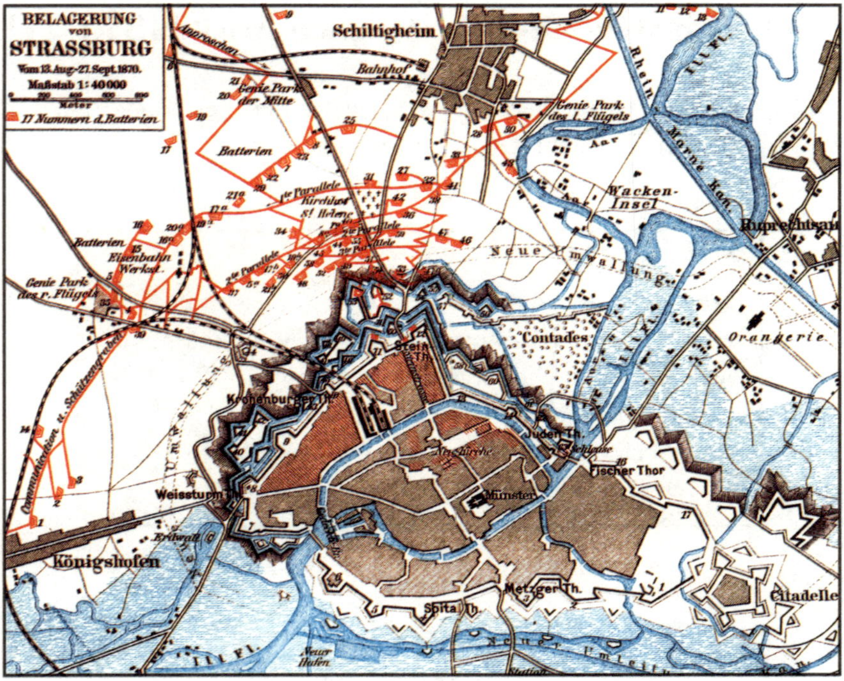

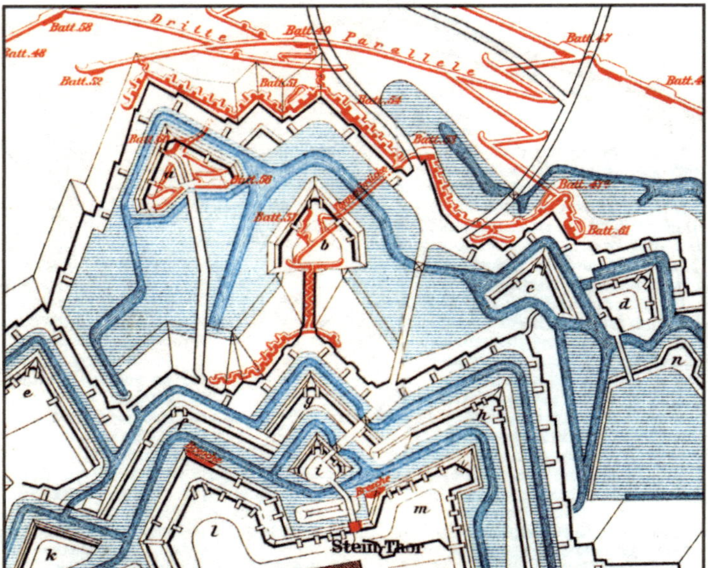

Straßburg im Krieg 1870/71

Die Festungsanlagen im Ersten Weltkrieg

Zu Beginn des Ersten Weltkrieges war die Artilleriewirkung deutlich stärker als die Deckungsmittel [Beton und Panzerung] der Festungen. So konnten Festungen und Sperrforts ungewöhnlich schnell eingenommen werden: Lüttich und Namur nach nur einem Tag, Mauberge nach acht und Antwerpen nach 12 Tagen.

Auch der schnelle Fall des französischen Sperrforts Camp des Romains ist hier zu nennen.

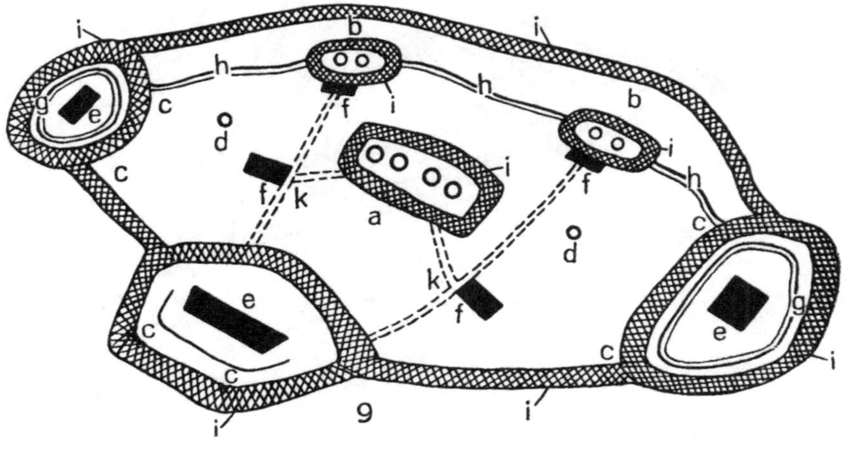

Gruppenbefestigung [Anfang 20. Jahrhundert]
a) 2 x 2 Haubitzen in Panzerlafetten b) Kanonen in Schirmlafetten c) schwere Maschinengewehre d) gepanzerte Beobachtungsstände e) Kasernenartige Unterkunftsräume für Infanterie f) Unterkunftsräume für Artillerie g) Infanteriestützpunkte) Infanteriekampfstellung i) Drahthindernisse k) Verbindungsgänge

Die Westfront von Metz war durch mehrere Panzerfesten geschützt. Auch im Elsaass [bei Straßburg und Molsheim] gab es Panzerfesten, ebenso am rechten Ufer des Oberrheins auf dem Isteiner Klotz.

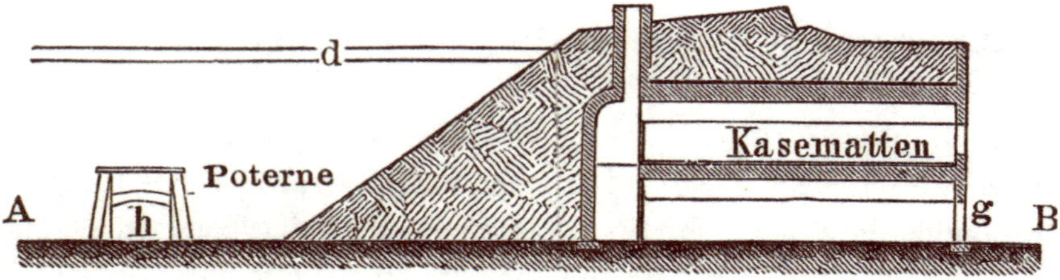

Schnitt von A nach B eines Sperrforts
d) Saillanttraverse g) Hofraum

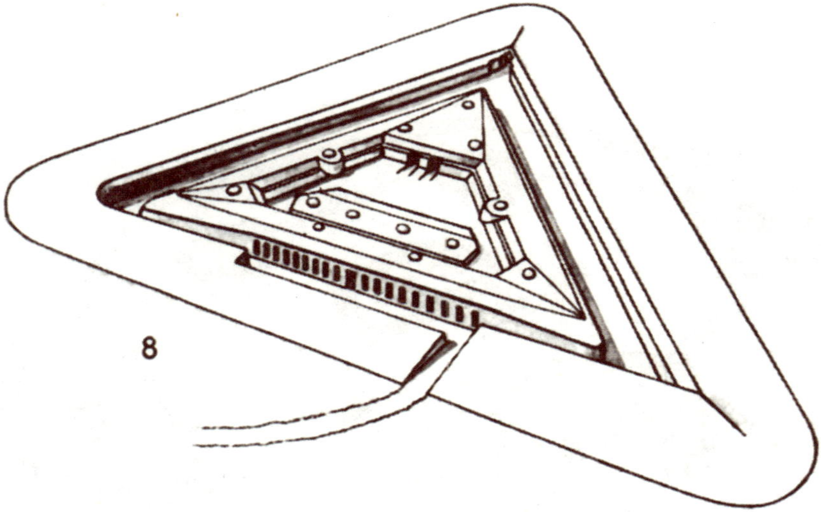

Vorgeschobenes Fort [Anfang des 20. Jahrhunderts]

Festungsrayon
Als Festungsrayon bezeichnet man die Umgebung von Festungswerken, die wegen der Festung baulichen Beschränkungen unterworfen ist. Diese sind aus militärischen Gründen erforderlich, um die Aufräumumgsarbeiten zur Erzielung freien Schussfeldes bei der Armierung zu erleichtern.

Die Grenzfestungen des Mittelalters

Die Stauferburgen am Rhein

Der Staufer Friedrich I. wurde 1079 mit dem Herzogtum Schwaben und Elsass belehnt. Dadurch kam es zu einer engen Verbindung zwischen den Staufern und den Saliern [das Geschlecht der damaligen Kaiser].

Herzog Friedrich II. handelte bei seiner Burgenpolitik ganz im Sinne seines Onkels, des Kaisers Heinrich V., sein Rheinzug lässt sich etwa auf die Jahre 1116 ff. festlegen.

Darüber, welche Burgen Herzog Friedrich II. erbauen ließ, gibt es keine sicheren Angaben mehr. Anzunehmen ist, dass neben der Hohkönigsburg auch die Burgen Greifenstein, Hohbarr, Hohegisheim und Rappoltstein auf diesen Herzog zurückgehen.

„Die Hauptstärke des Reiches“

Die linksrheinische Straße durch das Elsass war schon in der Römerzeit die Hauptverbindung aus dem mittelrheinischen Gebiet nach Basel.

Diese Strecke nutzten Heere und Kaufleute gleichermaßen und war – am Rhein entlang – tatsächlich soetwas wie die Lebensader des Deutschen Reiches.

Auf dieser Route liegen mit Basel, Mainz, Speyer, Straßburg und Worms Städte, die schon in der Römerzeit große Bedeutung hatten und nun als Bischofstädte und kaiserliche Aufenthaltsorte sowie als Zentren für Wirtschaft, Kultur und Religion für das Reich von herausragender Bedeutung waren. Darüber hinaus lagen entlang dieses Weges auch noch zahllose Pfalzen.

Kaysersberg im Elsass. Hohenstaufenburg des 13. Jahrhunderts.

Rappoltsweiler mit den Burgen St. Ulrich, Girsberg und Hohrappoltstein im Elsass

Hohkönigsburg in Elsass-Lothringen

Die Hohkönigsburg

Als die größte und mächtigste Burg im überaus burgenreichen Elsass gilt die Hohkönigsburg [franz.: Haut-Koenigsbourg]. Sie wurde auf einem hohen Berg in den Vogesen errichtet und liegt [in der wilhelminisches Kaiserzeit rekonstruiert] unweit von Schlettstadt.

1480 wurde die Anlage auf der Grundlage einer zerstörten romanischen Burg wiederhergestellt und erweitert. Im 30jährigen Krieg eroberten die Schweden die Burg, die seitdem eine Ruine war.

Die Burg liegt im Unterelsass am Rande der Vogesen auf dem fast unmittelbar aus der oberrheinischen Tiefebene 755 m aufsteigenden Staufenberg, von wo aus die ganze Ebene überblickt werden kann. Heute gehört die Burg zur Gemeinde Orschweiler [südwestlich von Wanzel und westlich von St. Pilt].

Der Staufenberg – „Stophanberch“ – wird schon 774 erstmals in einer Urkunde [Schenkungsurkunde Karls des Großen an die Prioren von Leberau] erwähnt [auch noch einmal 854], was schon etwas über die damalige Bedeutung des Berges aussagt.

Auf einem Felsenkamm von 1 km Länge standen in romanischer Zeit eine ganze Reihe von burgartigen Wohnbauten nebeneinander. Sieben Gräben durchquerten den langgestreckten Felsrücken, und auf dem Westende sind die Trümmer eines romanischen Pallas-Baues noch klar erkennbar.

Der östliche Teil mit rund 270 m Länge wird heute von der eigentlichen Hohkönigsburg eingenommen, die rings von einer mit Türmen versehenen Zwingermauer umzogen ist.

Hohkönigsburg

[Blick von den südlichen Felsvorsprüngen]

Die eigentliche Hohkönigsburg zerfällt in drei Hauptteile:

1. Gegen Westen das große Bollwerk, bestehend aus zwei mächtigen Batterietürmen mit kurzer, etwa 6 m starker Verbindungsmauer.
2. Aus dem Hochschloss, dem eigentlichen Wohnbau [mit dem vorgenannten Bollwerk durch zwei gewaltige, etwa 50 m lange, und über Felsen noch 6 bis 10 m hohe, Quadermauern verbunden].
3. Aus dem östlichen Vorhof mit seinen Wirtschaftsgebäuden und Batterietürmen, vor dem sich gegen Osten [innerhalb der erwähnten Zwingermauern] noch ein langes Vorwerk [der Tiergarten] befindet.

Mit der Hohkönigsburg sind auch viele der ersten Namen der deutschen Geschichte verbunden: Die Hohenstaufen, die Landgrafen von Werd, die Grafen von Oettingen, die Bischöfe von Straßburg, die Stadt Straßburg, die Habsburger, die Grafen von Thierstein, die Sickingen und die Fugger.

Auf zwei mächtigen Sandsteinfelsen wurde die Burg Hohbarr errichtet. Im Hintergrund ist Geroldseck zu sehen.

Rekonstruktion der Pfalz Kaiser Friedrich Barbarossas
zu Kaiserswerth am Rhein

Magdeburg im Mittelalter

Magdeburg zur Zeit der Karolinger

Die erste Erwähnung von Magdeburg geschah 805. Die Stadt war zu der Zeit ein wichtiger Handelsplatz, an dem sich deutsche Kaufleute mit slawischen Händlern trafen.

Aus den karolingischen Reichsannalen ergibt sich, dass Karl der Große im Jahre 806 nach einem Zug gegen die ostelbischen Slawen am Flussufer der Elbe [Magdeburg gegenüber] eine Befestigung bauen ließ.

Es handelte sich um den Ausbau des linkselbischen Kastells Magdeburg durch einen Brückenkopf auf dem rechten Ufer.

In den Jahren 923/24 zerstörten die einfallenden Ungarn und Wenden Magdeburg fast völlig. Königin Editha, die Gemahlin Ottos I. [des Großen] lässt die Stadt rasch wieder aufbauen und mit Wall und Graben umgeben.

1188 erschütterte die Stadt ein großer Brand, von dem sich Magdeburg ebenfalls ziemlich rasch erholte. Weil die Bedeutung Magdeburgs als Handelsstadt immer mehr wuchs, trat die Stadt der Hanse bei.

Im 14. Jahrhundert wird der Stadt das Stapelrecht für die Elbschifffahrt verliehen. Die höchste Blüte erreichte Magdeburg in der Zeit kurz vor dem 30jährigen Krieg. Das Magdeburger Recht gewann in den Städten des kolonisierten Ostens große Bedeutung.

Modell Magdeburgs beim Regierungsantritt Ottos I.

Modell Magdeburgs im 11. Jahrhundert

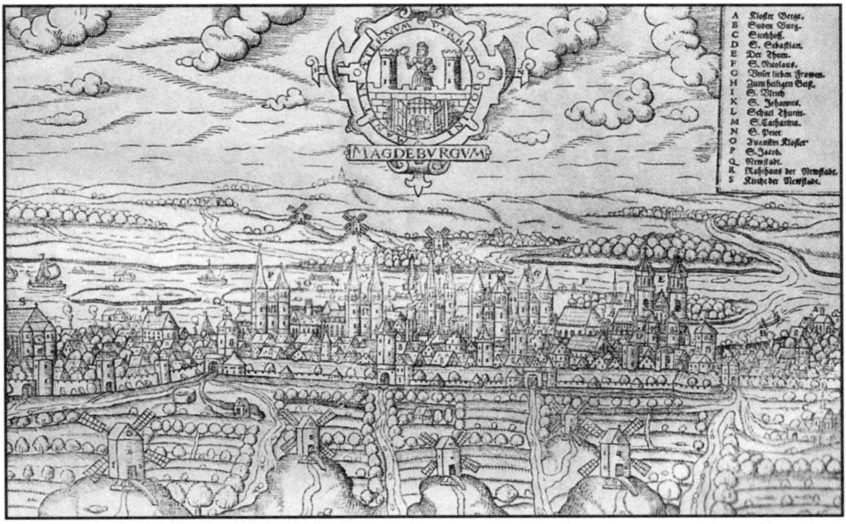

Magdeburg um 1588
[Chronica der Sachsen und Niedersachen]

Turm der Magdeburger Stadtbefestigung von 1550
am Schrotdorfer Tor [um 1930]

Magdeburger Krökenturm aus dem 16. Jahrhundert
[um 1930]

Kaiser Heinrich IV. von Sachsen

Die weltliche Machtstellung des Kaisers hing davon ab [weil ihm im Süden die Herzogtümer Schwaben, Bayern und Kärnten entrissen worden waren], ob er im Norden zu seinem Herzogtum Franken noch das Herzogtum Sachsen hinzugewinnen könnte.

Verbündet war Heinrich mit Adalbert von Bremen, der über Sachsen eine geistliche Oberherrschaft anstrebte.

Gegner Heinrichs waren Magnus, der auf der Lüneburg sein Hoflager hatte und Otto von Nordheim, Herzog von Bayern, dessen Allodialgüter [Hausbesitz] durch die Bemühungen Heinrichs gefährdet waren. So sperrte Otto von Nordheim die Weser gegen die Franken von Hanstein und die Diemel vom Dasenberg aus.

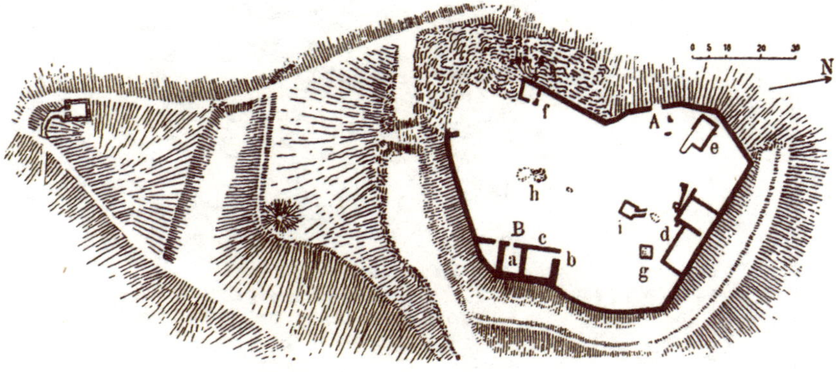

Harzburg: Grundriss der Bauten auf dem Kleinen Burgberg

Gegen die Sachsen ging Heinrichs Weg über Eschwege und um den östlichen Harz herum. Für die Sicherheit der Verbindung baute er auf dieser Linie Burgen wie Volkerode, die Spatenburg, die Hasenburg, den Sassenstein, die Heimburg und die Harzburg – bis hin nach Goslar. Die letztgenannten dienten gewissermaßen als Keil zwischen seinen beiden sächsischen Gegnern.

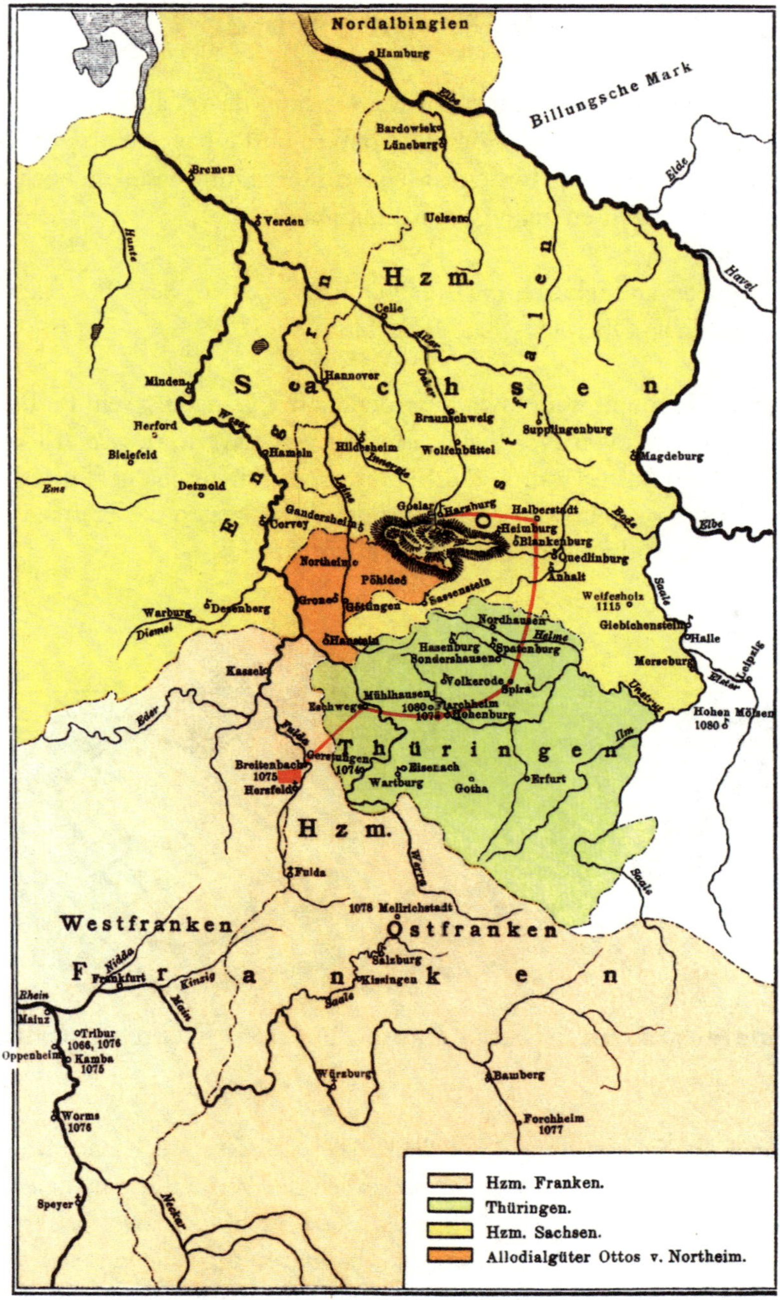

Die Burgen Sachsens zur Zeit Heinrichs IV.

Burg Giebichenstein [Merianstich]

Den letzten Widerstand brach Heinrich durch den Zug von Breitenbach über Hohenburg an die Unstrut nach Spira und Harzburg. Giebichenstein gehörte schon seit dem frühen 9. Jahrhundert zum Fränkischen Reich. Seit dem 10. Jahrhundert hat es dort dann auch eine Burg gegeben.

Harzburg [Rekonstruktion aus dem Jahre 1905]

Neuß

Belagerung von Neuß durch Karl den Kühnen

Neuß liegt 3 km vom Rhein entfernt. Schon die Römer hatten an diesem Platz ein Standquartier. 1474 belagerte Karl der Kühne von Burgund Neuß elf Monate lang vergeblich. 1586 konnte die Stadt aber durch Alexander von Parma zerstört werden.

Die Burgen des Deutschen Ordens

Im Jahre 1230 überließ Herzog Konrad von Masowien dem Deutschen Orden das Kulmer Land sowie die Burgen Nessau und Vogelsang.

Danach betrieb der Deutsche Orden von diesem Gebiet aus die Eroberung Preußens. Der Orden ging zuerst abwärts der Weichsel und Nogat vor, darauf entlang am Frischen Haff nordwärts zum Pregel.

Gemälde von der Belagerung der Marienburg im Jahr 1460

Der Ausbau des Landes mit Burgen erfolgte etwa um 1240. Dabei konzentrierte man sich zuerst auf die Burgen mit militärischer Bedeutung, die gleichzeitig auch eine Verbindung zum Wasser aufwiesen. Später hat man die Hauptburgen von Anfang an in Stein errichtet. Nach dem Prussenaufstand [Christburger Vertrag 1249] und dem nur wenig späteren Mongoleneinfall begann der Orden im Kulmer Land mit dem Ausbau von drei gestaffelten Burgenlinien.

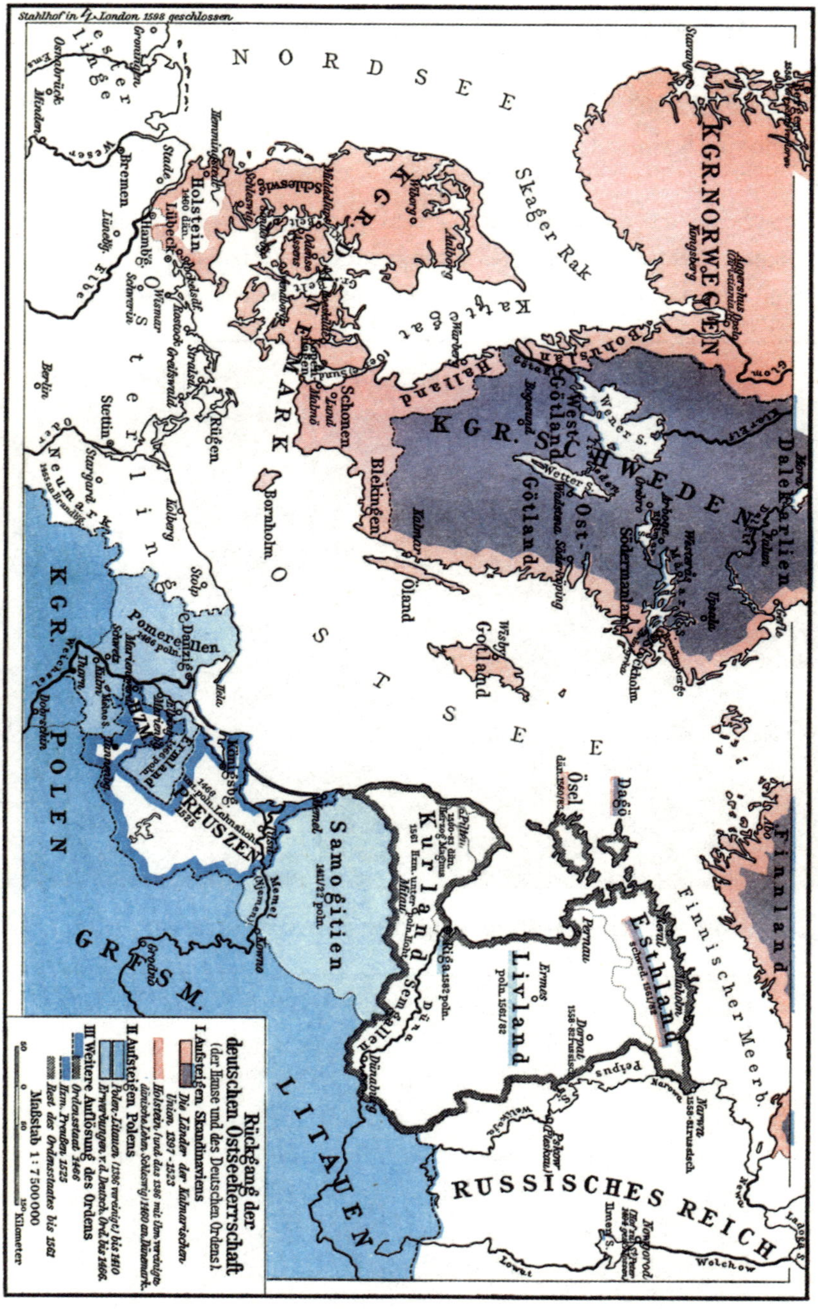

Die Entwicklung des Ordensstaates

An Burgen wurden zu der Zeit gegründet:

1231 Thorn

Das mittelalterliche Thorn

Die Stadt Thorn [um 1930]

Thorn: Das Brückentor an der Weichsel aus dem Jahr 1432

Die Stadt Thorn wird 1231 durch den Hochmeister Hermann von Balk gegründet. Ein großer Teil der ursprünglichen Bevölkerung von Thorn bestand aus westfälischen Einwanderern. Ein Jahr später erlangte der Ort die Stadtrechte, und im 14. Jahrhundert gehörte Thorn zur Hanse.

Bedeutsam für die Geschichte Preußens sind die in dieser Stadt abgeschlossenen Friedensverträge [1411 und 1466]. Nach dem Zweiten Thorner Frieden musste der Orden die westliche Hälfte Preußens [Kulm, Michelau und Pommerellen] mit den Städten Thorn, Elbing, Marienburg sowie den Bistümern Kulm und Ermland an Polen abtreten. Die östliche Hälfte Preußens wurde polnisches Lehen. In der zweiten polnischen Teilung 1793 kam Thorn an Preußen, 1807 an das von Napoleon geschaffene Großherzogtum Warschau.

1815 erwarb Preußen die Stadt zurück und befestigte sie schon bald darauf [1818].

1232 Kulm

Kulm: Rathaus und Marienkirche

1232 Marienwerder

Marienwerder: Dom, Kapitelschloss und Dansker

Die Burg Marienwerder wurde 1232, die Stadt ein Jahr später errichtet. Diese war danach Residenz der ersten Bischöfe von Pomesanien.

Mit einer kleinen Schar Ritter eroberte Hermann Balk die Pruzzenfeste Quiddin und baute danach die alte Anlage weiter aus.

In Marienwerder schlossen am 14. März 1440 Land und Städte den Preußischen Bund zur Wahrung ihrer Rechte gegenüber dem Deutschen Orden.

In der wilhelminischen Kaiserzeit gab es hier eine Garnison [eine Abteilung Feldartillerie Nr. 71].

1237 Elbing

Einzug der Schweden in Elbing 1626

1454 riss sich die Stadt vom Deutschen Orden los und stellte sich unter polnischen Schutz. Elbing ist nun Sitz einer Woiwodschaft.

Im 30jährigen Krieg nahmen die Schweden Elbing ein. 1703 setzte sich Kurfürst Friedrich III. in den Besitz der Stadt. Wenig später brandschatzten Truppen des schwedischen Königs Karl XII. die Stadt, die 1710 von den Russen erobert.

1772 fällt die Stadt schließlich an Preußen.

1239 Balga

Balga [Stich 1684]

1252 Memel

Im Jahre 1252 wurden von Livland aus Burg und Stadt Memel gegründet.

Die Verbindung zwischen Preußen und Livland [Königsberg–Memel] wurde über die Kurische Nehrung sowie über das Kurische Haff hergestellt.

Bis 1422 beherrschte dann der Deutsche Orden die gesamte Küstenstraße von Memel bis Livland.

1255 Königsberg

1255 wurde das Samland erobert und auf diesem Feldzug von König Ottokar II. von Böhmen der Ort Königsberg gegründet.

Ordensschloss Gollub an der Drewenz
[erbaut um 1300]

Ordensschloss in Mewe

1282 Mewe

Mewe wurde 1282 von Pommerellen erworben und ein Jahr später hier eine Burg errichtet. Die Stadt Mewe wird erst 1297 gegründet.

Rheden – Deutschordensschloss
[13.–14. Jahrhundert. Gegründet von Hermann Balk]

1283 Unterwerfung Preußens beendet

Jetzt gehören auch die Grenzlandschaften Nadrauen, Schalauen und Sudauen zum Deutschen Orden.

1289 Ragnit

Im Jahre 1289 wird an der Memel die Burg Ragnit, eine der stärks-ten Burgen im Ordensgebiet, errichtet.

1296 Gollub

Hier wird an der Drewenz eine Ordensburg errichtet. 1466 fällt die Burg an Polen.

1309 Hauptsitz nach Marienburg

Im Jahr 1309 wird der Hauptsitz des Ordens nach Marienburg verlegt.

Marienburg [gegründet um 1280]

Um 1280 gründete der Deutsche Orden das Schloss Marienburg. Es war Sitz eines Konvents von zwölf Ritterbrüdern und bildete einen wichtigen Stützpunkt an dem damals wichtigsten Wasserweg Preußens [Thorn-Königsberg auf Weichsel, Nogat und zum Frischen Haff].

Politisch war das Schloss Marienburg der Sitz der Verwaltung für den Komturbezirk Marienburg. Nachdem Hochmeister Siegfried von Feuchtwangen das Schloss 1309 zum Hauptsitz des Deutschen Ordens gemacht hatte, begann ein 50 Jahre dauernder Umbau.

In der zweiten Hälfte des 14. Jahrhunderts erreichte die Marienburg die Zeit ihres höchsten Glanzes. 1410 konnte die Burg vom Komtur von Schwetz noch mannhaft verteidigt werden, aber während des 13jährigen Krieges mit Polen gelangte die Marienburg 1457 in den Besitz des polnischen Königs, der es den Söldnern des Deutschen Ordens abgekauft hatte.

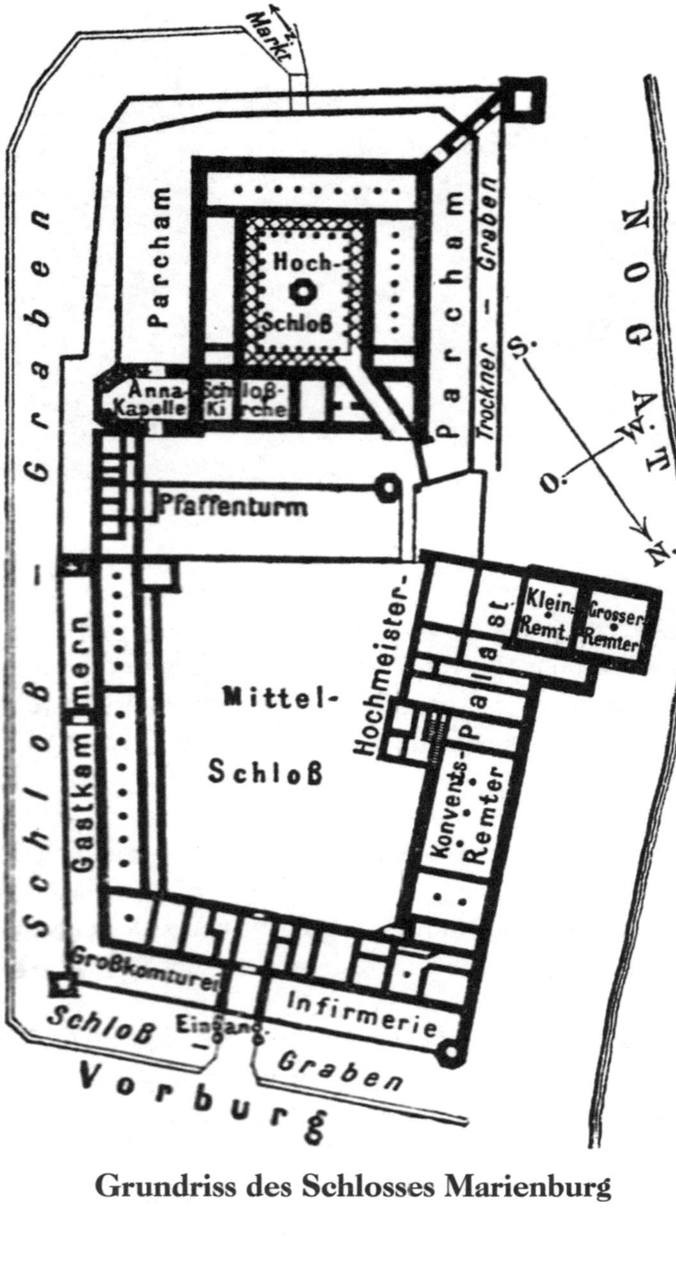

Grundriss des Schlosses Marienburg

Die Grenzfestungen der frühen Neuzeit

Die Belagerung von Jülich [1610]

Der Jülich-klevische Erbfolgestreit

Jülich war ein kleines, reiches Herzogtum auf dem linken Ufer des Rheins von etwas mehr als 4.000 km², das von verschiedenster Seite Begehrlichkeiten weckte. Als mit Herzog Johann Wilhelm 1609 das alte Herzogsgeschlecht ausstarb, wurden von mehreren Seiten aus Ansprüche auf das [vereinigte] Herzogtum [aus Jülich, Kleve, Berg] erhoben.

Sieben deutsche Fürsten wollten das Gebiet für sich. Darüber hinaus betrachtete es Kaiser Rudolph II. als zurückgefallenes Reichslehen. Deshalb ließ der Kaiser Erzherzog Leopold die Festung besetzen, in der sich bereits 2.500 kaisertreue Soldaten befanden. Die Fürsten von Pfalz-Neuburg und Brandenburg einigten sich aber, gemeinsam gegen die Ansprüche aller übrigen vorzugehen und verbündeten sich auch mit Frankreich.

Der französische König schickte daraufhin 1610 Prinz Moritz von Oranien mit einer Armee von 14.000 Mann zu Fuß, 3.000 Reitern und 48 Geschützen vor Jülich.

Am 29. Juli begann er mit dem Anlegen von Laufgräben. Es kam zu einem 35 Tage andauernden Kampf mit zahlreichen Scharmützeln, Ausfällen und Überfällen. Auch von Minenkrieg und Galeriebau wird berichtet.

Grundriss der Feste Jülich auf einer Medaille
[Erbauer der Festungsanlage war Herzog Wilhelm IV. (1539–1592)]

Als schließlich auch noch Marschall de la Chatre mit 12.000 Mann Infanterie, 2.000 Reitern sowie weiteren Geschützen vor Jülich auftauchte, war es mit der Widerstandskraft der Festung bald vorbei. Da der Kaiser keinen Entsatz schicken konnte, musste die Festung am 1. September 1610 kapitulieren.

Der Kaiser belehnte zwar Sachsen mit dem Herzogtum: Doch blieben Brandenburg und Neuburg faktisch im Besitz desselben.

1613 rückten spanische und holländische Truppen in das Herzogtum ein, und bis 1672 hielten die Holländer die klevischen Festungen besetzt.

Festung Königstein in Sachsen von Nordwesten

Der Königstein wurde bereits im 12. Jahrhundert von den Slawen befestigt. 1241 zuerst urkundlich erwähnt, kam der Königstein als böhmisches Lehen an die Grafen von Dohna. Zu Beginn des 14. Jahrhunderts erwarben die Wettiner die Festung.

1540 stellte man die alten Werke des Königsteins wieder her und rüstete diesen zu einer Feste gegen Böhmen aus. Die meisten der noch heute bestehenden Gebäude gehen aber auf die Kurfürsten Christian I. und Johann Georg I. zurück.

Friedrich August II. stellte die Feste endgültig fertig. Während des Einfalls der Preußen in Sachsen [1756] diente die Festung dem König August II. [von Polen] und seinem Minister Graf Brühl als Zufluchtsort.

Auch während der 1848er Revolution zog sich König Friedrich August II. auf den Königstein zurück. Nach dem Deutsch-deutschen Krieg [1866] kam es zum Abschluss einer Militärkonvention mit Preußen. 1867 erhielt die Festung einen preußischen Kommandanten, der die Festung 1871 wieder an eine sächsische Besatzung übergab.

In Kriegszeiten diente die Festung auch zur Aufbewahrung von Schätzen. Heute ist die Festung ein beliebtes Ausflugsziel.

Der 30jährige Krieg

Während des 30jährigen Krieges veränderte sich die Landkarte Mitteleuropas vollständig. Die großen Flüsse wurden wieder zu wichtigen Grenzlinien.

Belagerung von Frankfurt an der Oder durch den Schwedenkönig Gustav Adolf

Frankfurt an der Oder war im 13. Jahrhundert aus einer Ansiedlung fränkischer Kaufleute entstanden, die 1253 Markgraf Johann I. von Brandenburg zur Stadt erhob.

Am 3. April 1631 verteidigten die Stadt 6.000 kaiserliche Soldaten, konnte aber von den Truppen Gustav Adolfs im Sturm genommen werden.

Nach dem Treffen von Steinau [1633] besetzte Wallenstein die Stadt. Am 23. Mai 1634 kam sie an den Kurfürsten von Brandenburg, in den Jahren 1640/44 wieder in schwedischen Besitz.

Auch im 7jährigen Krieg und in der napoleonischen Zeit wechselte die Stadt mehrfach ihren Besitzer. Nach der Schlacht bei Kay [1759] besetzten die Russen sie Stadt, 1812 Franzosen und 1813 schließlich wieder die Russen.

Zur Geschichte von Magdeburg

1531 war Magdeburg dem Schmalkaldischen Bund [protestantisch] beigetreten. Auch als der Kaiser [katholisch] ganz Sachsen erobert hatte, unterwarf sich die Stadt nicht. Deshalb wurde Magdeburg vom Kaiser mit der Acht belegt.

Daraufhin rückte Kurfürst Moritz von Sachsen, um die Acht für den Kaiser zu vollstrecken, gegen die Stadt vor. Am 4. Oktober 1550 begann er mit der Belagerung. Am 28. November eroberte er die Neustadt, wohingegen die Bürger weiterhin die Altstadt halten konnten. Als Moritz schließlich Gnade und Religionsfreiheit anbot, nahm die Stadt eine sächsische Besatzung auf.

1629 wurde Magdeburg dann von Wallenstein [katholisch] 28 Wochen lang – ohne Erfolg – eingeschlossen. 1630 belagerte erneut von Pappenheim [katholisch] die Stadt.

Im März 1631 vereinigte Tilly seine Truppen mit denen von Pappenheim. 25.000 Angreifer standen nun 2.000 Verteidigern gegenüber. Die Verteidiger gaben jetzt die Außenwerke auf, setzten die Vorstädte in Brand und beschränkten sich auf die Verteidigung der eigentlichen Stadt.

Am 10. Mai 1631 begann schließlich der Sturm auf die Stadt. Zuerst gelang es den Angreifern am Krökentor in die Stadt einzudringen.

Bald entwickelte sich ein Brand, der sich schnell über die ganze Stadt ausbreitete. Danach wüteten die Kaiserlichen in der Stadt mit bisher ungekannter Grausamkeit. Von den 36.000 Einwohnern überlebten nur wenige Tausende.

Magdeburg. Der Fürstenwall

Magdeburg 1637. Belagerung durch Tilly

Stadt Kreuznach

Einnahme der Stadt Kreuznach durch die Schweden im Jahr 1631

Die Stadt Rinteln

Die Gründung der Stadt Rinteln fällt in das späte Mittelalter. Ein eigentliches Gründungsjahr ist nicht belegt, die erste Stadtbefestigung aber für 1257 belegt. Knapp hundert Jahre später [1344] erfahren wir von der Vervollständigung der Umwehrung der Stadt mit Wall und Graben. Doch auch in den nachfolgenden Jahrhunderten baute man an der Befestigung ständig weiter.

Während des 30jährigen Krieges verlangte die Bürgerschaft der Stadt, die Mauern niederzulegen, damit sich in Rinteln kein Feind festsetzten könne. 1646 setzten die Schweden das Schleifen der Befestigungswerke fort.

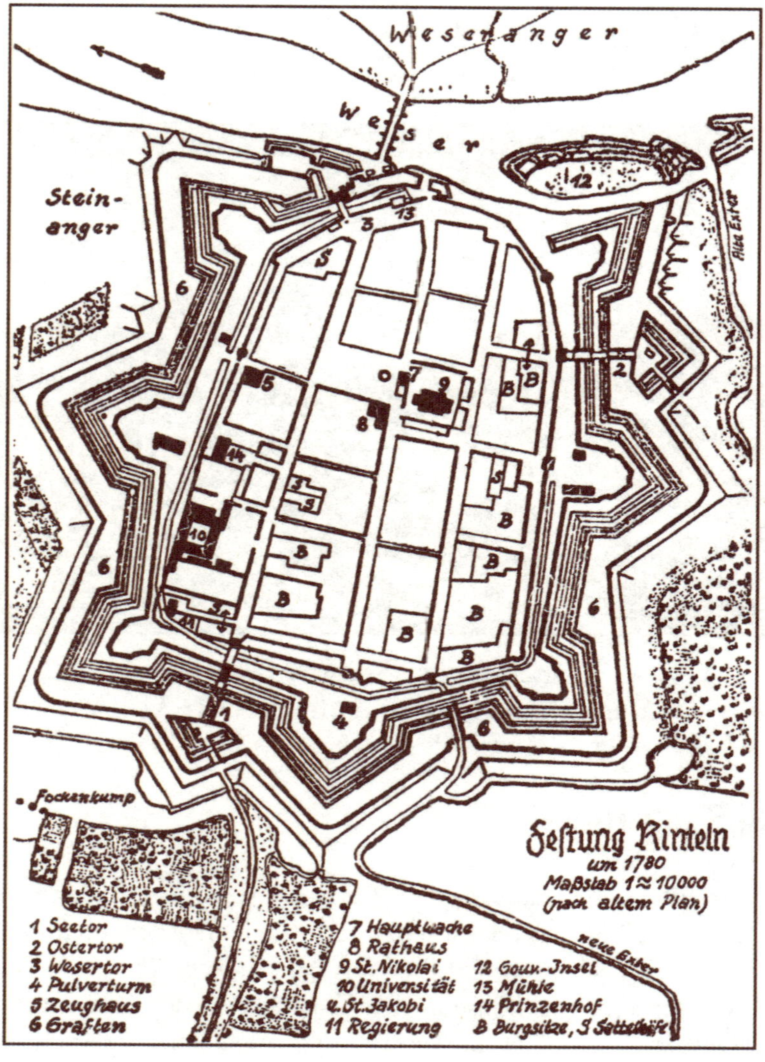

Knapp 20 Jahre später [1655] begann die Landgräfin Hedwig Sophie mit dem Bau der Festung Rinteln, der rund zwölf Jahre dauern sollte. In dieser Zeit war eine „considerable“ Festung entstanden, auf die man sich verlassen konnte.

Rinteln besaß nun drei Tore, sieben Bastionen und zwei Außenwerke. Als Garnison benötigte die Festung nur etwa 200 Mann.

Der Kampf um Wien 1683

Nachdem die Türken schon fast den gesamten Balkan erobert hatten, wurde Wien zur Grenzfeste des abendländischen Europas. Fiel Wien, würde bald danach auch ganz Mitteleuropa in die Hände der Türken fallen.

Belagerung Wiens durch die Türken im Jahr 1683

Während der Türkenkriege wurde Wien zum ersten Mal vom 22. September bis 15. Oktober 1529 durch die Truppen Sultan Suleimans [120.000 Mann] belagert. Die Stadt konnte sich mit nur 16.000 Soldaten und 5.000 Bürgern unter Nikolaus von Salm erfolgreich verteidigen.

1683 versuchten die Türken erneut, sich der Stadt zu bemächtigen. Sie rückten unter Kara Mustafa mit 200.000 Mann vor Wien. In der Stadt selbst befanden sich [unter Rüdiger von Starhemberg] diesmal nur 13.000 Soldaten und 7.000 Bürger, die dem Angreifer die Stirn boten.

Die zweite Belagerung Wiens dauerte vom 14. Juli bis zum 12. September, und die Türken standen dicht davor, die Stadt wirklich einzunehmen. Im letzten Augenblick aber konnte die Stadt durch ein Reichsheer unter dem Herzog von Lothringen sowie den Truppen des polnischen Königs Johann Sobieski entsetzt werden.

Die modernen Festungsanlagen

Minden an der Weser

Minden, am linken Ufer der Weser gelegen, wurde schon durch Karl den Großen zum Sitz eines Bischofs gemacht.

Ab 1503 erhielt die Stadt eine Wallbefestigung, die bis zum Ende des 7jährigen Krieges Bestand hatte.

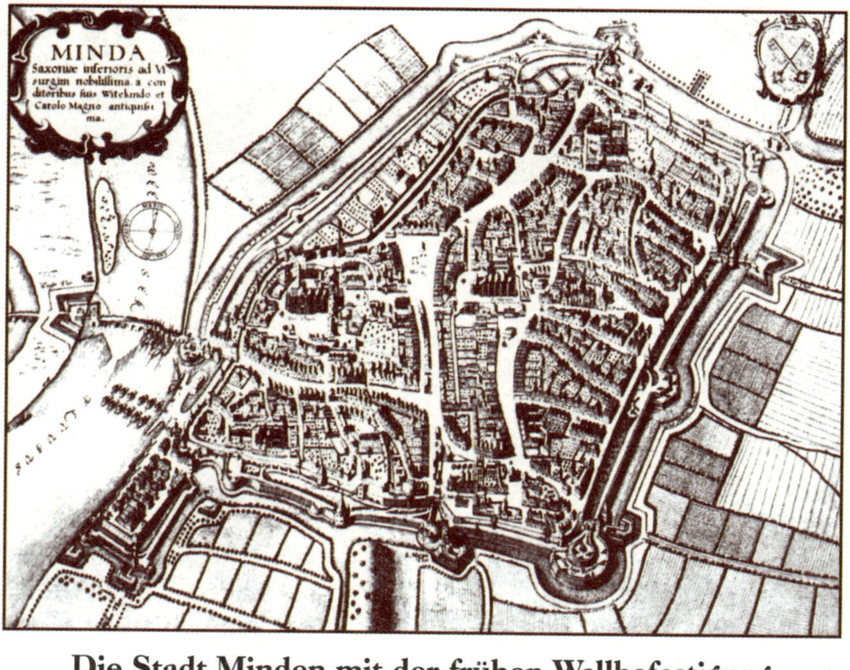

Die Stadt Minden mit der frühen Wallbefestigung

Im 30jährigen Krieg besetzte Tilly im Jahr 1626 Minden, 1634 Herzog Georg von Lüneburg und schließlich 1636 die Schweden, die es bis 1650 besetzt hielten.

1757 nahmen die Franzosen die Stadt ein, 1758 durch Herzog Ferdinand von Braunschweig zurückerobert, 1759 wieder von Herzog von Broglie genommen.

Nach dem 7jährigen Krieg ließ man die Festungswerke von Minden schleifen. 1814 kam Minden an Preußen, das 1816 die Stadt erneut befestigte und zum Hauptwaffenplatz von Westfalen machte. Zu dieser Zeit ragte preußisches Gebiet mit der Festung Rinteln wie ein Keil in hannoversches Gebiet hinein.

Aufgrund veränderter Verhältnisse [sowohl militärischer als auch politischer Natur] ließ man 1873 die Festungswerke schleifen. Der Schutz des Landes sollte sich nun auf einzelne größere Zentralpunkte stützen.

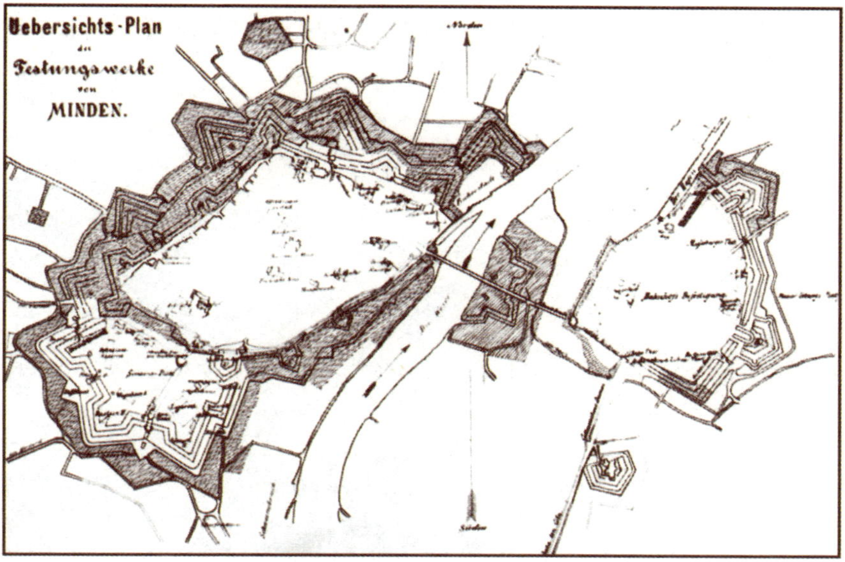

Festungswerke von Minden bis 1873

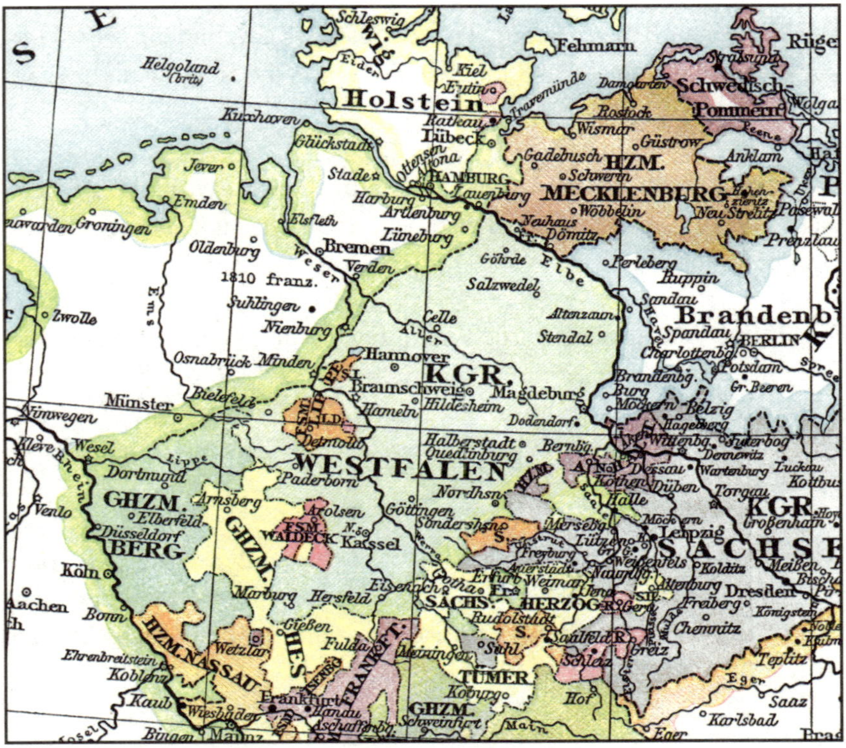

Die Festungen Minden und Nienburg zur Zeit Napoleons

Nienburg

Nienburg an der Weser, zuerst 1025 erwähnt, gehörte seit dem 12. Jahrhundert den Grafen von Hoya. Der Ort war befestigt und erhielt 1569 das Stadtrecht.

Im 30jährigen Krieg war Nienburg von 1627 bis 1634 von den Kaiserlichen besetzt, im 7jährigen Krieg von den Franzosen [1757/58].

1654 erhob man Nienburg zur Landesfestung, womit eine zweite große Ausbauphase begann. Diese betraf hauptsächlich die Weserfront, differenzierte aber auch die beiden anderen Fronten der Festung weiter.

1806 ergab sich – nach dem Fall von Hameln – die preußische Besatzung den Franzosen. 1807 ließ Napoleon die Wälle schleifen.

Mit der vollständigen Schleifung, deren Vollzugsmeldung an Napoleon am 30. Juli 1808 erfolgte, endete auch die Baugeschichte der Nienburger Festung.

Danach bemühte sich die Stadt, das seit 1808 jährlich gepachtete ehemalige Festungsgelände in eigenen Besitz zu bekommen: „Plan von dem Terrain der demolierten Festung Nienburg" aus dem Jahre 1820.

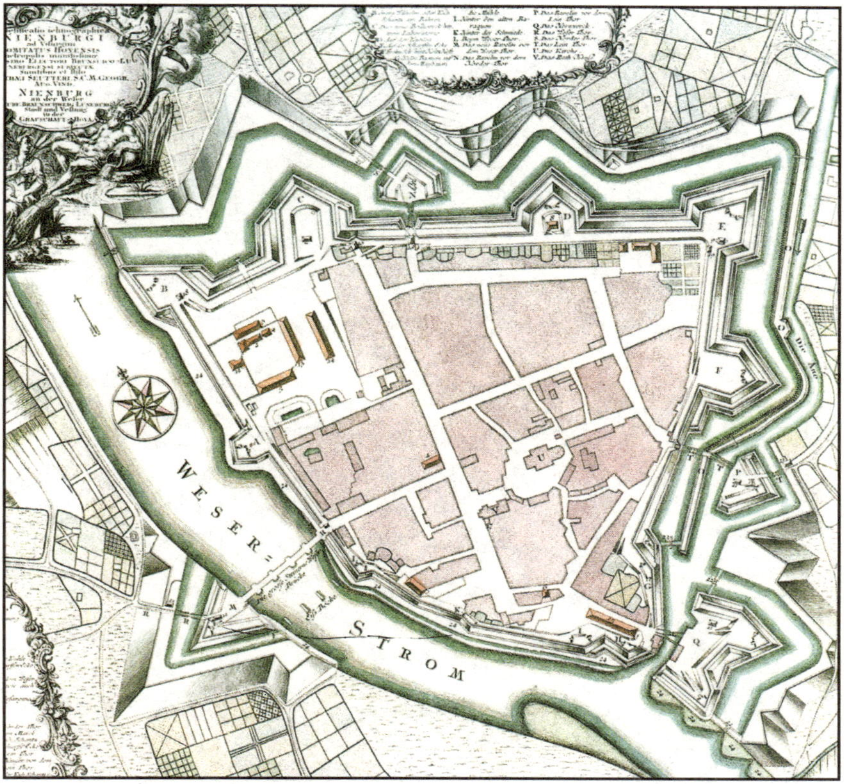

Die Befestigung von Nienburg um 1736

Die Festungen des Deutschen Bundes

Zur Zeit des Deutschen Bundes [1815 – 1866] bestimmt man Rastatt, Ulm, Landau, Mainz und Luxemburg zu Bundesfestungen. Mit Ausnahme von Luxemburg waren alle Grenzfestungen, die den Feind von Westen abwehren sollten, am Rhein entlang postiert.

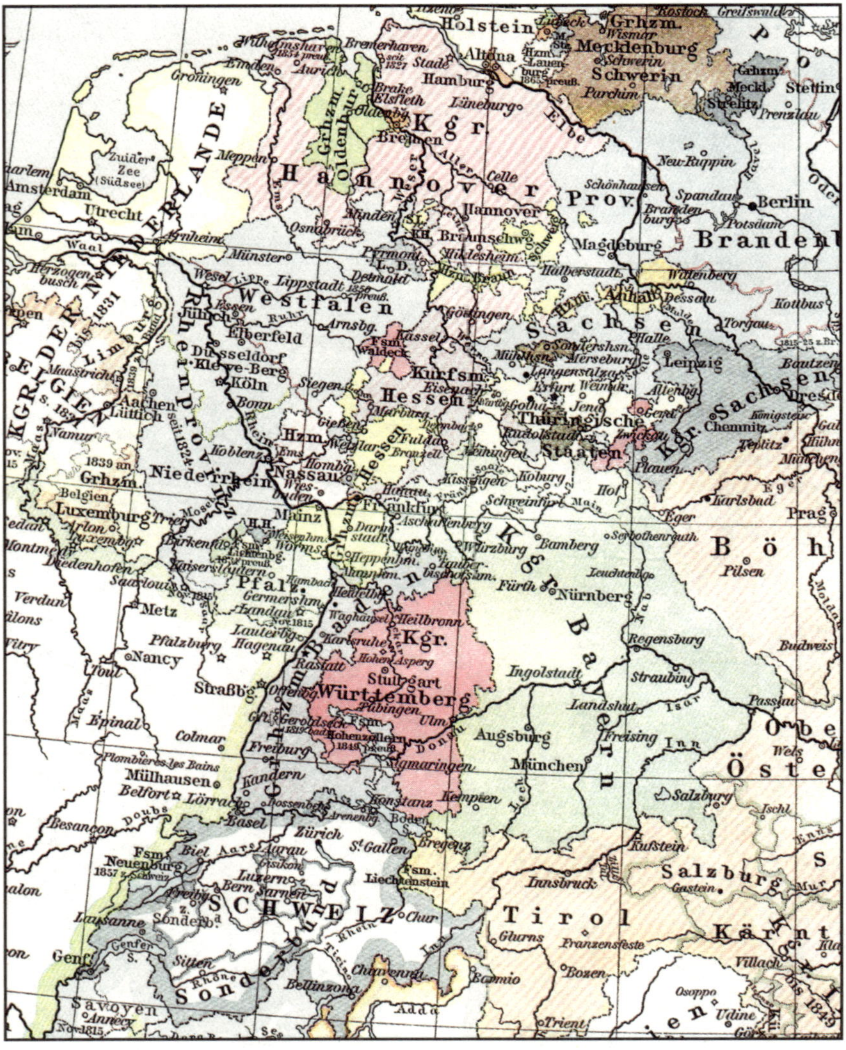

Die deutschen Bundesfestungen 1815 – 1866

Anmerkung:
Landau wurde 1866, Luxemburg 1871 geschleift, während die übrigen Bundesfestungen bei der Reichsgründung in das deutsche Festungssystem eingegliedert wurden. 1890 verlor Rastatt seinen Festungscharakter.

Luxemburg. Das Trierer Tor [um 1940]

Die Hänge und Felsabstürze der hochgebauten Stadt Luxemburg wurden noch lange durch das Mauerwerk der alten Festung verkleidet.

Luxemburg [um 1940]**. An der Ostseite noch mit Resten der alten Befestigungsanlagen.**

Landau

Landau wurde 1224 von Graf Friedrich von Leiningen gegründet. 1274 erwarb der Ort den Status der Reichsstadt und unterstand ab 1290 unmittelbar dem deutschen König.

1317 verpfändete Ludwig der Bayer Landau an Speyer, 1331 an die Pfalz. 1511 erhielt Speyer wieder volle Reichsfreiheit. Ab 1522 schloss sich Landau der Reformation an.

Trotz seiner starken Befestigung fiel Landau während des 30jährigen Krieges achtmal in feindliche Hände. Im Westfälischen Frieden gelangte Landau an Ludwig XIV. von Frankreich, wobei die Stadt ihre Reichsunmittelbarkeit beibehalten sollte.

Nach dem Frieden von Nijmwegen [1678] besetzten die Franzosen Landau.

1688 begann man mit dem Bau der Festung [nach Vauban]. Diese wurde im Laufe des 18. Jahrhunderts von den Franzosen und während des 19. Jahrhunderts vom Deutschen Bund erweitert.

Während des Spanischen Erbfolgekrieges wurde Landau viermal belagert und erobert [1702, 1703, 1704 und 1713]. Im Frieden von Rastatt kam die Stadt an Frankreich, 1815 an Österreich. 1816 machte man Landau zur Bundesfeste.

Die deutschen Festungen im wilhelminischen Kaiserreich

Nach 1871 waren alle Festungen Deutschlands, mit Ausnahme der bayerischen Festungen Ingolstadt und Germersheim, Reichsfestungen.

Anmerkung: Neu-Ulm war Bestandteil der Reichsfestung Ulm.

Im Krieg 1870/71 hatte man festgestellt, dass die Befestigung kleinerer Städte militärisch wenig sinnvoll war.

Anmerkung: Gegenüber anderen Ländern gab es in Deutschland nur wenige Sperrforts. Auch richtete man solche erst verhältnismäßig spät ein: Im Osten die Feste Boyen bei Lötzen, im Westen die Feste Kaiser Wilhelm II. bei Mutzig.

Die Reichsfestungen

„Reichsfestungen“ waren die von kaiserlichen Behörden verwaltete Festungen in den Reichslanden: Straßburg, Metz, Diedenhofen, Neubreisach, Bitsch, Feste Kaiser Wilhelm II. Dazu kamen Ulm und die Küstenbefestigungen.

Anmerkung: Das Recht, auf deutschem Bundesgebiet [Ausnahme Bayern] Festungen anzulegen, stand allein dem Kaiser zu.

**Das deutsche Kaiserreich,
die militärische Lage im Osten bis zum Ersten Weltkrieg**

Bei Ausbruch des Krieges stand im Osten fast ¼ des deutschen Heeres. [6 Armeekorps von insgesamt 25 Korps]. Die annährend 1.600 km lange Landesgrenze von Myslowitz in Oberschlesien bis Memel lag für einen feindlichen Angriff fast vollkommen offen dar und war nur durch eine Reihe von Festungen geschützt.

Die Festungen zu Beginn des Ersten Weltkrieges

Im Süden und Westen gab es in Deutschland mit Ulm und Ingolstadt an der Donau sowie mit dem Isteiner Klotz, Neu-Breisach, Straßburg, Germersheim, Mainz, Koblenz und Wesel eine kettenartige Festungszone. Darüber hinaus sicherten Metz und Diedenhofen das Aufmarschgebiet zwischen Rhein und Mosel.

Im Osten [Gebiet von Pregel, Warthe und Weichsel] war Königsberg die Hauptfestung des Deutschen Reiches.

Die Stadt deckte zusammen mit Pillau die Land- und Seeflanke. In den Masurischen Seen schützte die Feste Boyen die Seeengen. Weiter südlich deckte Posen den kürzesten Weg von Warschau nach Berlin.

Die Weichselfestungen Thorn, Kulm, Graudenz und Marienburg bildeten im Norden eine zweite Verteidigungslinie, konnten aber auf russischem Gebiet [Polen] umgangen werden. Durch die Festungen Breslau, Glogau, Küstrin und Swinemünde sollte die Oderlinie gesichert werden.

Die Festung Glatz [an der Grenze zum verbündeten Österreich] war veraltet und hatte strategisch nur geringe Bedeutung.

Die Rheingrenze im Westen

Wesel

Aufgabe:
Die Festung Wesel sollte die Rheinbrücke in ihrem Bereich sichern.

Die Geschichte der Festung Wesel

Im 13. Jahrhundert gehörte Wesel den Grafen von Kleve. 1368 kam die Stadt an den Grafen Engelbert III. von der Mark, nach dessen Tod wieder an Kleve.

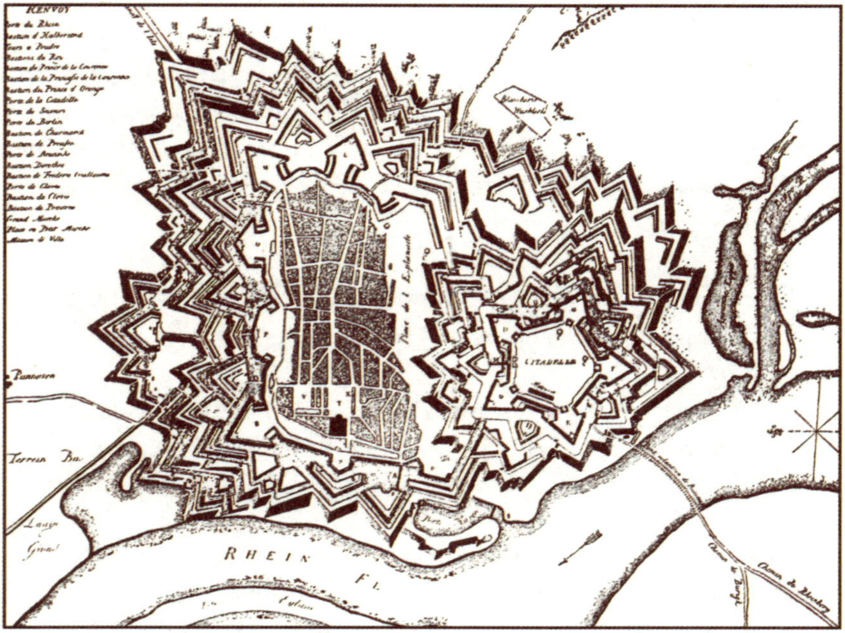

Wesel als Festungsstadt

1614 eroberten die Spanier Wesel und hielten es bis 1629 besetzt. Danach kam es für längere Zeit in den Besitz der Holländer. Von 1672 bis 1674 sowie zur Zeit des 7jährigen Krieges [1756–1763] war die Stadt von den Franzosen besetzt.

Im Vertrag von Schönbrunn [15.12.1805] wurde Wesel an Napoleon abgetreten und kam 1806 an das Großherzogtum Berg, ab 1810 an Frankreich. Nach dem Untergang Napoleons fiel Wesel 1814 an Preußen.

Der Ausbau Wesels zur Festung erfolgte zuerst in den Jahren 1680 [Bau einer Stadtumwallung; 1687 Bau einer Zitadelle] bis 1730. In der napoleonischen Zeit [1806–1814] wurden besonders die Befestigungen auf dem linken Rheinufer ausgebaut. Anlässlich des Baus der Eisenbahnstrecke Oberhausen-Arnheim [1856–1860] errichtete man an der Lippe einen Brückenkopf und das Fort Fusternberg. Bei dem

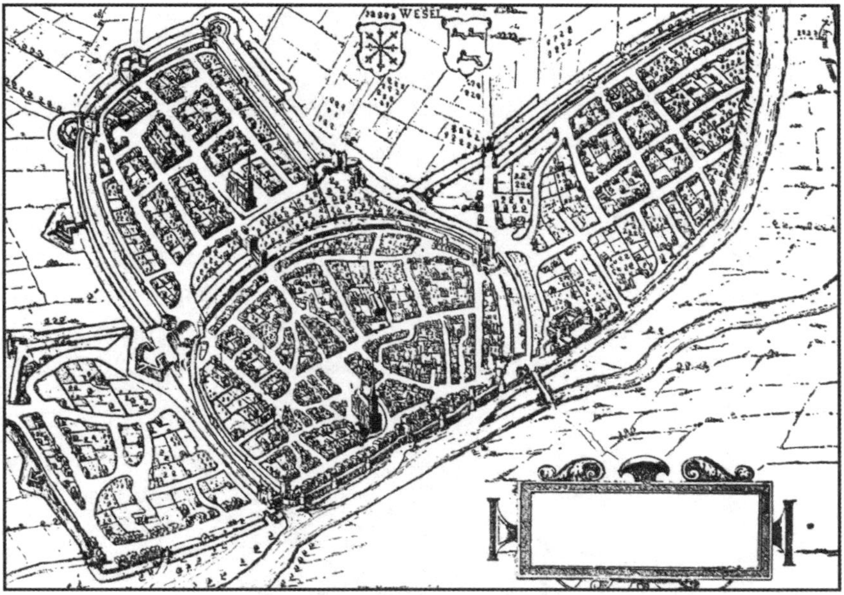

Wesel im Mittelalter

Bau einer weiteren Eisenbahnlinie [Hamburg-Venlo] mit einer dafür notwendigen Rheinbrücke, kamen noch zwei weitere Forts hinzu.

In der wilhelminischen Kaiserzeit war Wesel Stadt und Festung im preußischen Regierungsbezirk Düsseldorf. 1886 erhielt Wesel nur noch eine minderwichtige Festungseinstufung [hatte jetzt nur noch dem verstärkten Angriff einer Feldarmee zu widerstehen]. Die Festungswerke der Stadt [mit Ausnahme der Zitadelle und der vier Außenforts] wurden 1890 geschleift. Wesel war Standort einer Garnison [1 Infanterie-Regiement Nr. 57, 2 Infanterie-Bataillone Nr. 56, ein Feldartillerie-Regiment Nr. 43 sowie 1 Abteilung Feldartillerie Nr. 7].

In der Nähe der Stadt befand sich der Truppenübungsplatz Friedrichsfeld.

Köln

Aufgabe:

Die Festung sollte den gesicherten Uferwechsel nach beiden Richtungen hin ermöglichen.

Zur Geschichte:

Die Stadt Köln geht auf eine Ansiedlung der Römer zurück. Um 400 kam diese in den Besitz der Franken. Zwei Erweiterungen der Stadt und ihrer Befestigungen erfolgten in den Jahren um 950 und um 1100. Eine weitere Erweiterung war um 1220 abgeschlossen. 1288 wurde Köln Freie Reichsstadt.

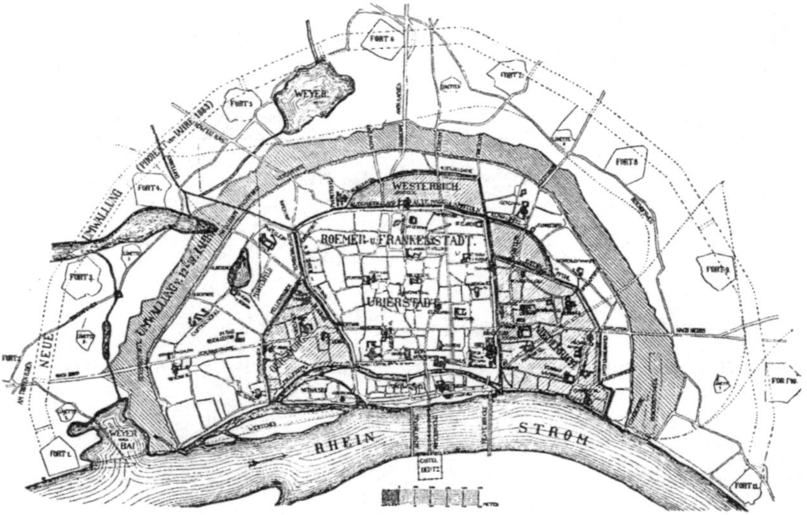

Köln und seine Erweiterungen [bis 1900]

In der wilhelminischen Kaiserzeit war Köln am Rhein die größte Stadt der preußischen Rheinprovinz und bedeutende Festung. Bis 1882 war Köln von einer aus dem 13. Jahrhundert stammenden Festungsmauer mit acht Toren eingeschlossen. Nach der Anlage zahlreicher detachierter Forts erübrigte sich die alte Befestigung Kölns. So kaufte die Stadt Köln schließlich vom Militärfiskus des Deutschen Reiches das alte Festungsterrain und erbaute auf dem Gelände die Kölner Neustadt. Die Festungswerke Kölns bestanden um 1900 aus einer neuen Umwallung [deren Schleifung zu der Zeit aber bereits geplant war] sowie vielen detachierten größeren und kleineren Forts und Lünetten, die in ihrer Kehle von kreisförmigen Reduits geschlossen wurden [sie waren meist 7 bis 8 km vom Dom entfernt].

Koblenz

Aufgabe:

Sperrung der bei der Stadt gelegenen Mosel- und Rheinbrücken.

Zur Geschichte:

Schon in der Römerzeit befand sich hier ein Kastell. Auch im frühen Mittelalter war der wichtige Platz befestigt. Im 13. Jahrhundert erfolgte eine weitere Befestigung der Stadt. Bis 1794 gehörte Koblenz zum Erzbistum Trier [danach zu Frankreich].

1655 erhielt die Stadt eine Befestigung nach dem Bastionärsystem. 1734 wurden diese Anlagen noch durch Balthasar Neumann erweitert, jedoch schon 1777 mit der Entfestigung der Stadt begonnen.

Kurfürstliche Feste Ehrenbreitstein [1797]

Das „Deutsche Eck“ bei Koblenz

Ehrenbreitstein am Rhein
Stadt Koblenz und Festung [um 1920]

Nach dem Untergang Napoleons kam Koblenz 1814 an Preußen, das 1815 mit der Neubefestigung der Stadt begann, die erst 1834 zu einem vorläufigen Ende kam. Durch das Aufkommen der Eisenbahn wurden weitere Werke notwendig, ebenso wegen der Einführung von Brisanzgranaten [bis 1889].

1890 kam es zur Auflassung der Stadtumwallung von Koblenz und Ehrenbreitstein, 1900 zur Auflassung aller Werke [mit Ausnahme des Ehrenbreitsteins, der mit schweren Flachbahngeschützen ausgestattet war]. Im Bereich des Ehrenbreitsteins erfolgte bis 1914 ein weiterer Ausbau der Artillerie- und Infanteriestellungen.

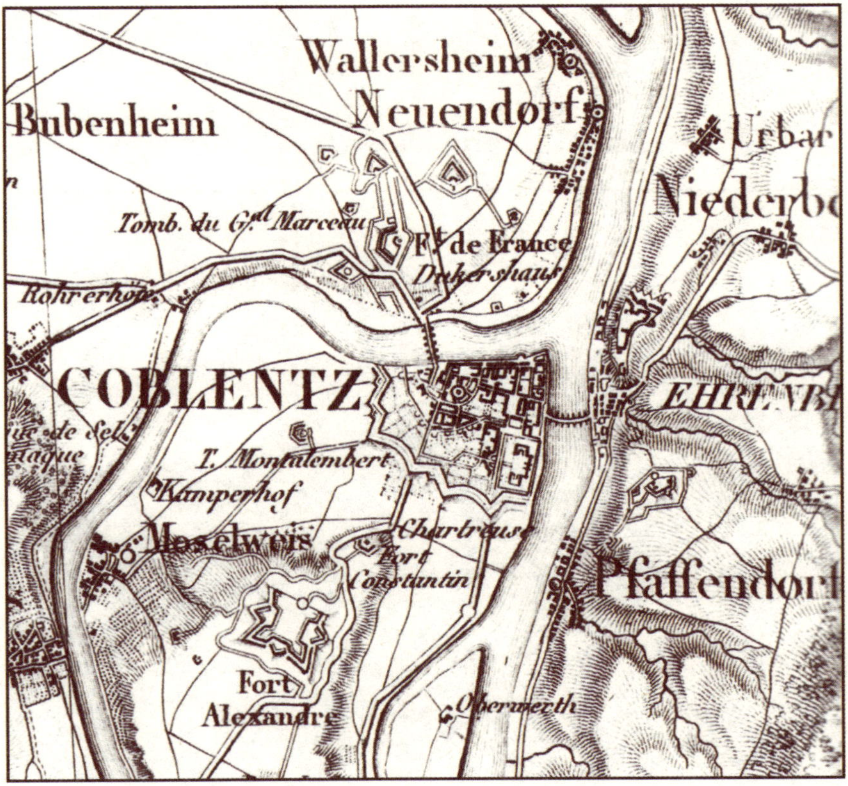

Koblenz mit seinen Festungswerken
[französische Karte von 1840]

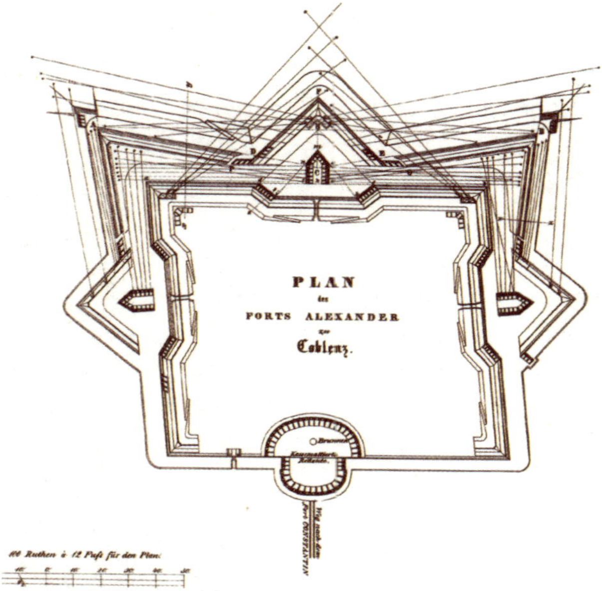

Plan des Forts Alexander [1834]

Feste Rheinfels bei St. Goar
[größte Ruine am Rhein]

Mainz

Aufgabe:

Mainz sollte einer Armee den Rückzug vom linken auf das rechte Rheinufer ermöglichen, aber auch das Vorbrechen in entgegengesetzter Richtung.

Zur Geschichte:

Wie Köln bestand auch Mainz bereits in der Römerzeit. Um 881 erhielt die alte römische Stadtbefestigung einen Graben zur Ergänzung.

1163 wurden die Stadtbefestigungen [Strafbestimmung Kaiser Friedrichs I. Barbarossa] abgerissen, schon wenig später aber erneut aufgebaut und vom 13. bis zum 15. Jahrhundert immer weiter ausgebaut.

Mainz. Aufgelassener Wall

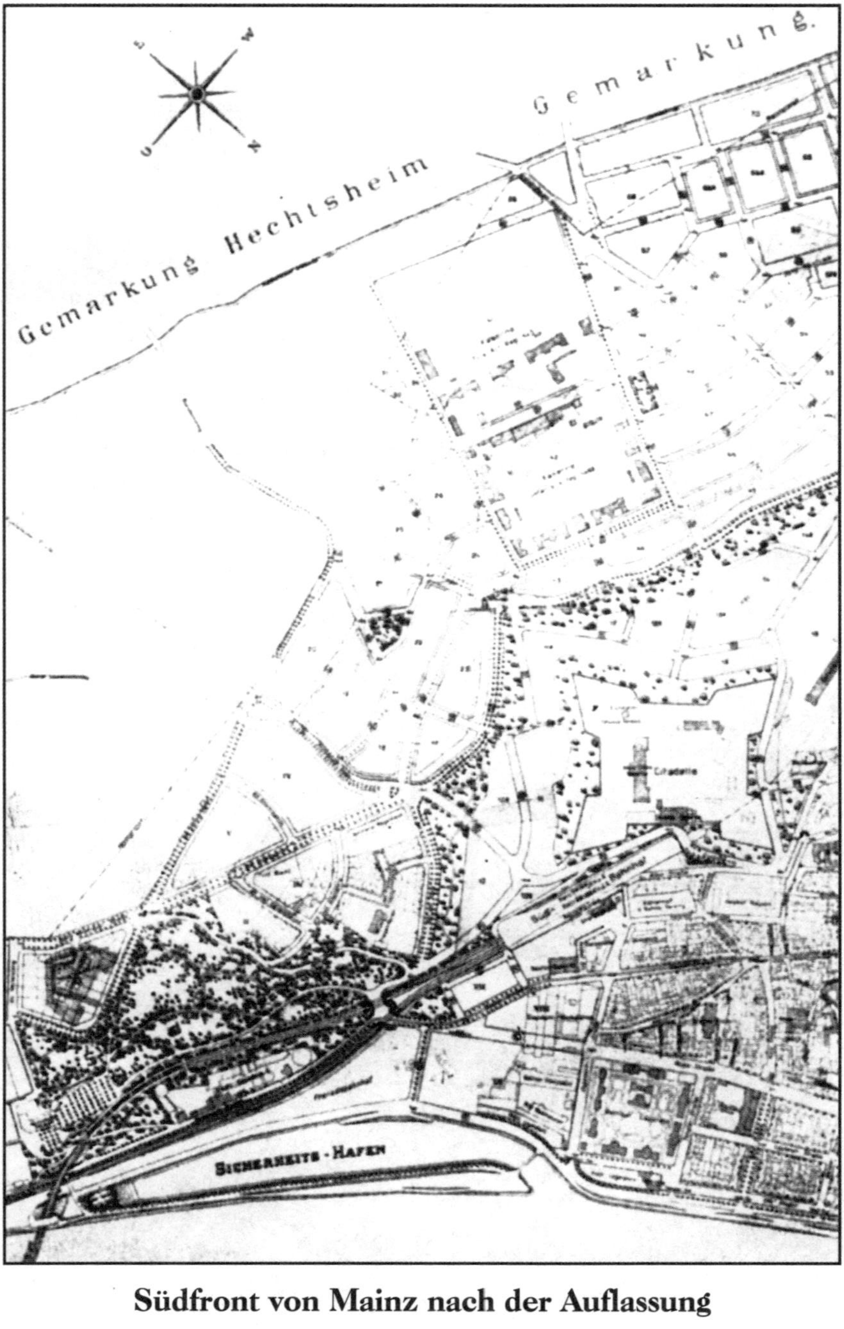

Südfront von Mainz nach der Auflassung

Im Jahr 1461 eroberte der Erzbischof Adolf II. von Nassau die Stadt Mainz. In den Jahren 1478/81 wurde als Eckbollwerk der Stadtbefestigung die Martinsburg errichtet. Bis zum Anfang des 17. Jahrhunderts genügten gelegentliche Verstärkungen der mittelalterlichen Befestigungen.

Im Dreißigjährigen Krieg besetzten die Schweden Mainz, welche die Befestigungen weiter ausbauten. 1655 erfolgte eine Neubefestigung nach dem Bastionärsystem [durch Kurfürst Johann Philipp von Schönborn].

Französische Truppen besetzten Mainz 1792; die Stadt wurde schließlich 1798 [bis 1814] an Frankreich abgetreten.

1814 ist Mainz dann deutsche Bundesfestung und die Befestigung sowie Armierung werden weiter verstärkt. 1866 ist Mainz Festung des Norddeutschen Bundes, 1873 Reichsfestung.

In den Jahren 1873/79 erhält Mainz eine neue Stadtumwallung. 1878/80 werden die Hohlräume verschiedener Forts verstärkt, 1880/84 das Fort Biehler auf dem Petersberg erbaut.

Auf Anordnung des Kriegsministeriums rüstet man Mainz 1887 „nach den für Festungen mit Armierung 1. Ordnung maßgebenden Festsetzungen“ aus.

Mainz sollte Hauptbollwerk des Widerstands gegen eine zwischen Straßburg und Metz vorrückende französische Armee sein. Der Ausbau von Mainz als Gürtelfestung wurde 1907 erwogen, aber wegen fehlender Mittel verschoben. Mit dem Bau von zehn Stützpunkten wurde dennoch begonnen.

1911 wurde der Rest der alten Stadtumwallung aufgelassen, 1913 einige veraltete Werke aufgegeben. Im gleichen Jahr baute man das Festungsbahnnetz aus.

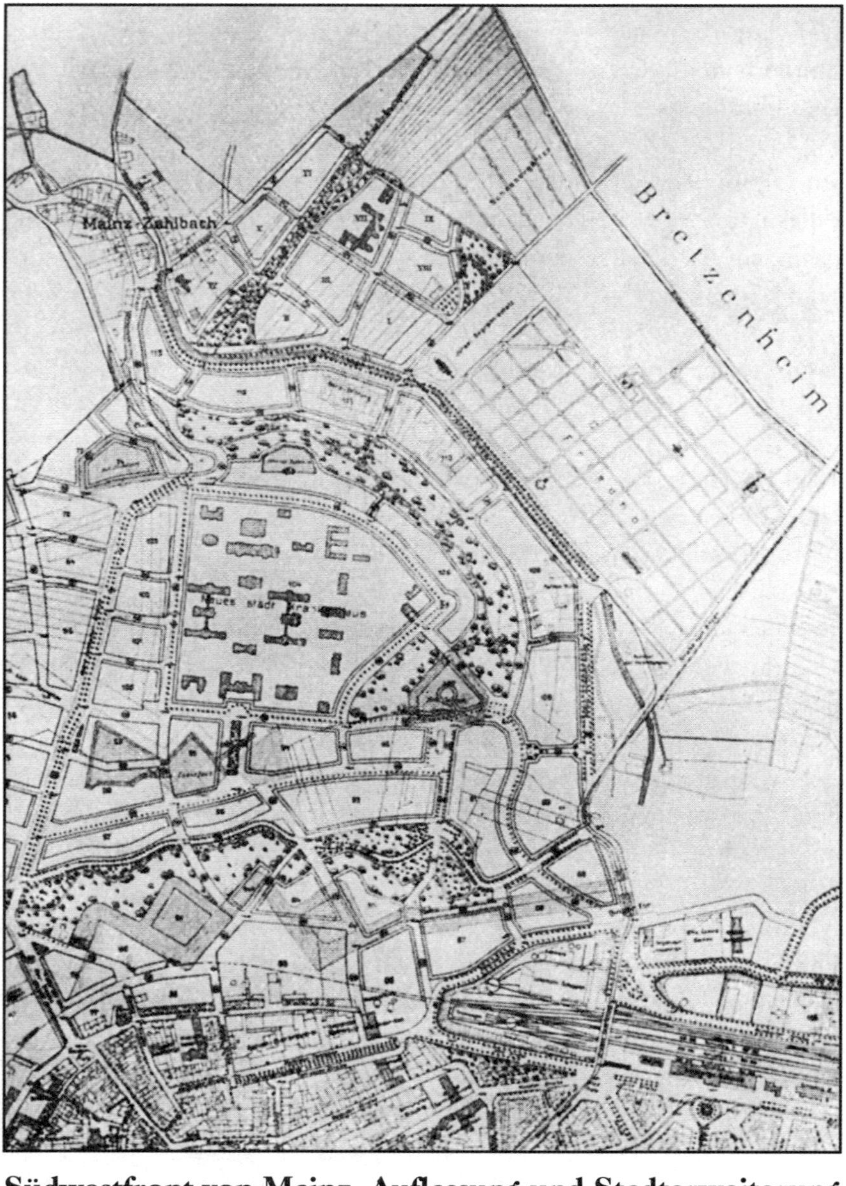

Südwestfront von Mainz. Auflassung und Stadterweiterung

Germersheim

Aufgabe:

Germersheim sollte „Ausstattung, Ausrüstung und Besatzung gegen den gewaltsamen Angriff“ erhalten.

Zur Geschichte:

Bereits Konrad II. hatte bei Germersheim eine Burg errichtet. Später entstand am Fuß der Burg die Stadt Germersheim.

1330 verpfändete Kaiser Ludwig der Bayer die Burg an Kurpfalz, das wenig später auch den Rheinzoll erhielt.

1622 nahm Leopold von Österreich die Burg Germersheim ein. Danach befand sie sich abwechselnd im Besitz der Kaiserlichen, der Schweden sowie der Franzosen, kam aber an Kurpfalz zurück.

1674 eroberten die Franzosen die Stadt erneut, die sie bis auf die Grundmauern schleiften. 1688 kam Germersheim erneut in französischen Besitz. Nach einem päpstlichen Schiedsspruch [1702] räumten die Franzosen schließlich Germersheim [und die restliche Pfalz], das 1715 wieder befestigt wurde.

Am 19. und 22. Juli 1793 siegten bei Germersheim die Österreicher unter Wurmser und Hohenlohe über die Franzosen.

Nach Abschluss des 2. Pariser Friedens [20. November 1815] kam Germersheim an Bayern und sollte Bundesfestung werden. Doch mit dem Festungsbau konnte erst 1835 begonnen werden [Fertigstellung 1861].

1886 erklärte die militärische Führung Germersheim zu einer minder wichtigen Festung. Auf eine Verstärkung gegen Brisanzgranaten verzichtete man ganz [Ein 1907 erwogener Ausbau der Festung kam nicht zustande].

Um 1900 war die Festung sturmfrei. Sie besaß auf dem rechten Rheinufer einen Brückenkopf und war von mehreren Forts umgeben.

In der wilhelminischen Kaiserzeit befand sich in Germersheim eine Garnison [Infanterie-Regiment Nr. 17, zwei Bataillone Fußartillerie Nr. 2 sowie eine Kompanie Train Nr. 2].

Straßburg

Aufgabe:
Die Festung Straßburg hatte die Aufgabe, einer deutschen Armee ungehindert Bewegung innerhalb ihres Wirkungsbereiches zu gestatten. Außerdem sollte sie verhindern, dass der Feind zwischen Straßburg und der Feste „Kaiser Wilhelm II." durchbräche.

Straßburg: Bei den „gedeckten Brücken" mit vier Türmen der alten Befestigungswerke [um 1930]

Zur Geschichte:

Straßburg war schon in römischer Zeit besiedelt. Später gehörte die Stadt zum Frankenreich und kam [nach dessen Teilung] zuerst an das Reich Lothars und dann an das ostfränkische Reich. 1262 errang Straßburg den Status einer Freien Reichsstadt.

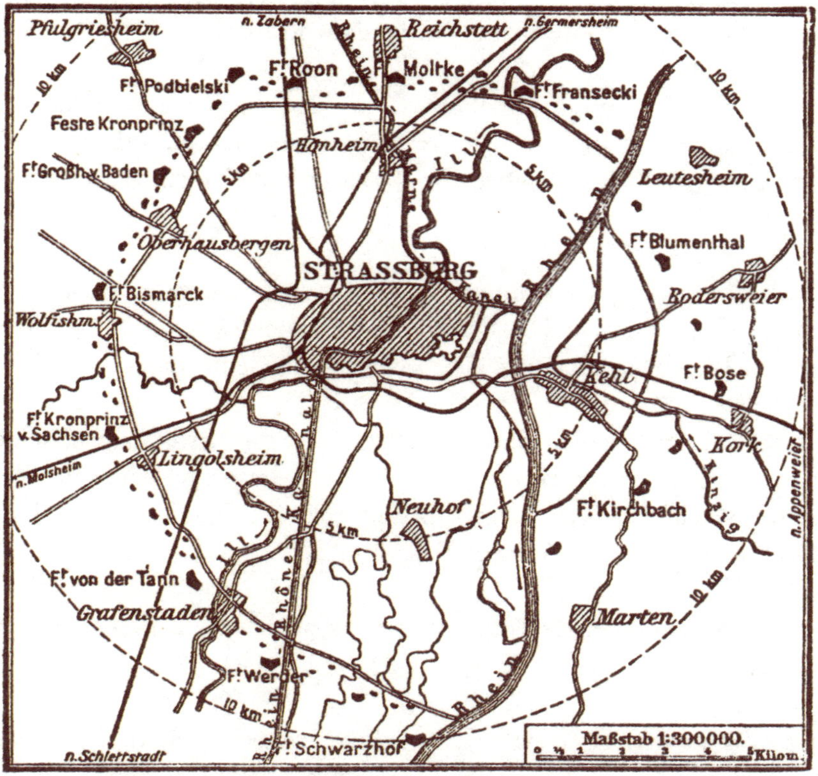

Straßburg und Umgebung

Die alten Befestigungsanlagen mussten erstmals um 720 erweitert werden, später auch 1202, 1374 und 1387.

1681 nahm König Ludwig XIV. von Frankreich die Stadt in Besitz. Unter der französischen Herrschaft wurde die Stadt erneut erweitert:

Man baute eine Zitadelle und befestigte das rechtsrheinische Kehl. 1750 vervollständigte man die Umwallung durch die Anlage von Außenwerken. Bis 1870 wurde auch der Ausbau der Wasserverteidigungsanlagen weiter vorangetrieben.

1871 ist Straßburg dann Hauptstadt des Reichslandes Elsass-Lothringen. Im gleichen Jahr beginnen der Bau eines Fortgürtels sowie die Erweiterung der Stadtumwallung auf der Nordfront.

Bis 1882 entstanden nun 14 Forts [3 auf dem rechten Rheinufer]. In diesem Jahr war auch die Neugestaltung der Stadtumwallung [Gesamtumfang 8,5 km] beendet. Bis 1887 wurde die Sturmfreiheit weiter erhöht.

Nach Einführung der Brisanzgranaten mussten weitere Verstärkungen durchgeführt werden: Die Forts Roon, Podbielski, Kronprinz, Baden und Sachsen bekamen Panzerbeobachtungsstände für die Artillerie.

In den Jahren 1887/92 erhielt der Fortgürtel fünf Zwischenwerke sowie einen Infanteriestützpunkt. 1892 wurden einige Forts mit splittersicheren Wachtürmen versehen. Um ein besseres Schussfeld zu erhalten, holzte man rund 1.000 Hektar Wald ab.

1894 wurden Teile der Stadtbefestigung sowie der Zitadelle aufgelassen.

Bis 1898 konnten noch zwei Schirmlafettenbatterien [mit drei bzw. vier 10 cm-Kanonen] fertiggestellt werden, zwei weitere bis 1899.

1901 baute man eine unterirdische Telegraphenverbindung zur Festung „Kaiser Wilhelm II." und vollendete ein Jahr später [1902] auch den Bau einer Panzerbatterie [mit 10 cm-Kanonen] auf der Kirschbaumhöhe. 1903 begann die Befestigung der Oberschäffolsheimer Höhen [als vorgeschobene Armierungsstellung], 1906 wurde mit dem Bau von fünf Schanzen [im Rahmen der inneren Umwallung] begonnen. Auch wurde bis zu diesem Jahr das Festungsbahnnetz weiter ausgebaut.

1907 erfolgten weitere Auflassungen im Bereich der südlichen Stadtumwallung.

1908 begann man mit dem Bau einer Großfunkstation, 1910 mit dem einer Luftschiffhalle, 1911 ebenso mit dem eines Infanteriestützpunktes. Süd-, West- und Ostfront erhielten Tarnbepflanzungen.

Noch 1913 konnte zur Erweiterung des Gürtels mit Befestigungen auf den Oberschäffolsheimer Höhen und bei Kolbheim begonnen werden [was aber durch den Kriegsausbruch 1914 nicht weiter verfolgt wurde].

Die Artillerieausrüstung für Straßburg konnte zu der Zeit als sehr modern bezeichnet werden. Es bestand jedoch ein Mangel an Maschinengewehren.

Anmerkung
Bis zum 20. Mobilmachungstag sollten durch die Anstauung der Breusch mehrere Wasserbecken geschaffen werden, wodurch in Verbindung mit dem Breuschkanal der Stellung noch ein zusätzliches Hindernis vorgestellt werden konnte.

Neu-Breisach

Aufgabe:

Neu-Breisach hatte die Aufgabe, das Vorgehen des Feindes rheinaufwärts zu erschweren und dessen Übergang im Wirkungsbereich der Festungskanonen zu verhindern. Dagegen sollte die Festung den Übergang der eigenen Truppen erleichtern helfen.

Zur Geschichte:
Der Bau von Stadt und Festung Neu-Breisach erfolgte in den Jahren 1699/1709 auf Anordnung König Ludwigs XIV. von Frankreich.

Die Befestigung errichtete man nach dem 3. System Vaubans auf der Grundlage eines regelmäßigen Achtecks.

Nach dem Erwerb von Elsass-Lothringen durch das Deutsche Reich wurde die Festung weiter ausgebaut.

1889 hielt man die Erweiterung von Neu-Breisach zu einer größeren Brückenkopfbefestigung für notwendig. 1890/92 entstanden so bei Algolsheim und Biesheim je ein bombensicherer, später zu einem Werk mit Wall und Graben erweiterten Untertreterraum für eine Kompanie und 1894 ließ man das Material zu einer schweren Armierungsbrücke beschaffen.

Zwei Jahre später wurden drei bombensichere Munitionsdepots errichtet, 1898/1902 konnte die südliche Rheinanschlusslinie durch den Bau von offenen Batterien usw. verstärkt werden.

Bis 1910 erfolgte dann noch der Bau von Flankierungsblöcken und eines Infanteriewerkes.

Neuenburg

Aufgabe:
Dieser Brückenkopf sollte den Feind am Übergang über die beiden Rheinbrücken bei Neuenburg hindern.

Zur Geschichte:
1905 wurde der Umbau der Brückentürme zu Verteidigungszwecken beendet. Bis 1908 entstanden drei Stützpunkte am linken Rheinufer.

Istein

Aufgabe:

Die Feste Istein sollte innerhalb ihres Wirkungsbereiches den Feind am Überschreiten des Rheins hindern. Dagegen sollte sie den eigenen Truppen den Rheinübergang ermöglichen.

Zur Geschichte:

Aus dem 17. Jahrhundert befindet sich hier ein Schloss. Der erste Entwurf zu einer Festung Istein geht auf das Jahr 1901 zurück. 1910 konnten das Infanteriewerk und die restlichen Anlagen der Festung [einschließlich der beiden Rheinflankierungsanlagen] vollendet werden. Die Flankierungsanlagen sollten den Rhein von Kembs bis zur Kandermündung bei Märkt bestreichen. Außerhalb des Haupthindernisses der Festung gab es oberhalb des Isteiner Bahntunnels je zwei kasemattierte 7,7 cm-Kanonen.

Anmerkung: 1914 konnte die Festung Istein in beide Schlachten von Mühlheim eingreifen.

Isteiner Klotz von Süden

Isteiner Klotz

Über der Stadt Istein erhob sich der sogenannte „Isteiner Klotz." Dieser war bis 1919 ein stark befestigter Kalksteinfelsen. Bei dem Ort Istein wurden bis 1902 mehrere Forts errichtet, die das Rheintal gegen einen Angriff von der französischen Festung Belfort aus decken sollten.

Hüningen

Aufgabe:

Der Brückenkopf Hüningen sollte den Feind sowohl an der Benutzung der Eisenbahnbrücke wie auch an dem Überschreiten des Rheins hindern; den eigenen Truppen sollte er hingegen einen sicheren Rheinübergang gewährleisten [von beiden Seiten].

Zur Geschichte:

Ab 1905 wurde die Eisenbahnbrücke über den Rhein durch Brückentürme gesichert, 1906 der Infanterieraum fertiggestellt, 1910 wurden vier Schartenlafetten für Maschinengewehre in die westlichen Türme der Brücke eingebaut.

Lafette der deutschen 15-cm Kanone

Die übrigen Festungen im Westen

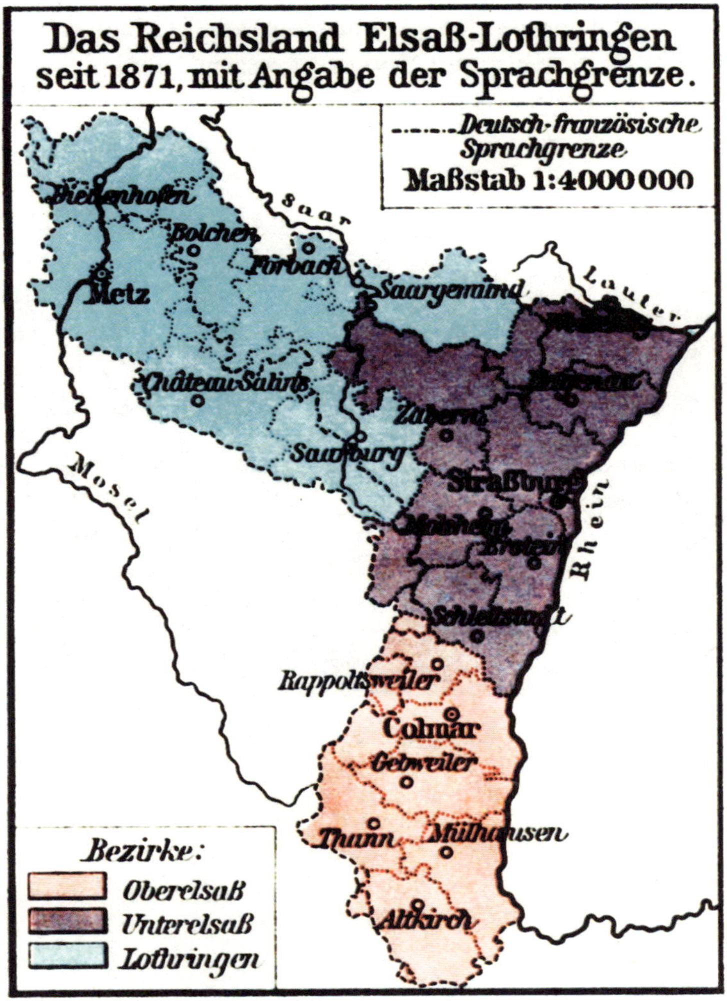

Die deutschen Festungen im Reichsland Elsass-Lothringen

Diedenhofen

Aufgabe:

Der Gegner sollte hier [in Verbindung mit Metz] am Übergang über die Mosel gehindert werden. Dagegen mussten die Übergänge in diesem Gebiet für die deutschen Truppen offen gehalten werden.

Moselbrücke bei Diedenhofen

Zur Geschichte:

Im Mittelalter war Diedenhofen der am besten befestigte Platz des Herzogtums Luxemburg. Die alten Befestigungen mussten 1519 noch einmal erweitert und verstärkt werden. In der ersten Hälfte des 17. Jahrhunderts erhielt Diedenhofen eine neue Befestigung nach dem Bastionärsystem.

1659 kam Diedenhofen an Frankreich. 1737/54 errichteten die Franzosen dort das Fort Jeutz. 1871 kam Diedenhofen an das Deutsche Reich und man reihte die neu erworbene Festung in die „in erster Linie und unter allen Umständen zu erhaltenden und verstärkenden Festungen“ ein.

1897 musste die Festungsanlage weiter ausgebaut werden [Schutz vor Brisantgranaten; Bombensicherheit aller Räume]. 1899 begann die Befestigung der Obergentringer Höhe.

- Gruppenbefestigung aus zwei 10 cm-Panzerbatterien [je 4 Rohre]
- Drei Infanterie-Stützpunkte mit Nebeneinrichtungen
- Bau von zwei weiteren Gruppenbefestigungen bei Illingen und Königsmachern [Fertigstellung 1910]

Ab 1903 wurde die alte Stadtbefestigung zum größten Teil aufgelassen.

Metz

Aufgabe:
Die Festung sollte innerhalb des Bereiches ihrer Kanonen einer Armee „eine gesicherte und ungehinderte Bewegung nach allen Richtungen" gewähren sowie den Rückzug von Armeeteilen südlich von Metz bzw. deren Vorgehen östlich davon erleichtern.

Zur Geschichte:
Metz war bereits in römischer Zeit besiedelt. Um 300 hat der Ort seine erste Stadtmauer erhalten, welche die Hunnen 451 zerstörten. 476 fiel die Stadt an den Frankenkönig Choldwig und gehörte von nun an zum fränkischen Reich.

Nach der Teilung des Frankenreiches gehörte Metz [Vertrag von Verdun 843] zuerst zum Reich Lothars, ab 870 [Vertrag von Meerssen] zum ostfränkischen Reich

In den Jahren 882/916 erhielt Metz eine erweiterte Befestigung, welche im 12. Jahrhundert noch einmal eine Umgestaltung erhielt. Im 13. Jahrhundert wurde Metz zur freien Reichsstadt erhoben.

Im Jahr1445 baute man die Türme bei den Toreingängen zu Torburgen aus, später wurden diese auch für die Aufstellung von Geschützen hergerichtet.

Metz. Das deutsche Tor [um 1940]

1552 kam Metz an Frankreich und erhielt in den Jahren 1556/62 eine Zitadelle. 1674 begann unter Leitung von Vauban die Neubefestigung der Stadt. Diese ergänzte 1728/40 Cormontaigne durch weitere Anlagen.

1867 begann der Bau eines Fortgürtels um Metz. Bei Ausbruch des Deutsch-Französischen Krieges 1870 war jeoch nur eines der Werke fertiggestellt. Nach dem Anschluss von Elsass-Lothringen an das Deutsche Reich entwickelte sich Metz zu einer bedeutenden Garnisonstadt.

An den von den Franzosen begonnenen Befestigungen wurde zügig weitergebaut und 1880 konnte auch die zeitgemäße Stadtumwallung fertiggestellt werden. Ab 1890 befand sich hier der Sitz des Generalkommandos des XVI. Armeekorps. Nach Einführung der Brisanzgranaten erhielten die Werke Verstärkungen und Umbauten; diese Arbeiten konnten bis 1895 abgeschlossen werden.

1890/93 errichtete man zwei Panzerbatterien mit 21 cm-Haubitzen, 1895/99 noch fünf weitere mit 15 cm-Haubitzen. Auf Wunsch des Kaisers sollte Metz durch unter Panzerschutz stehende vorgeschobene Werke gesichert werden. Der Verlauf der neuen Hauptverteidigungslinie wurde 1897/99 festgelegt.

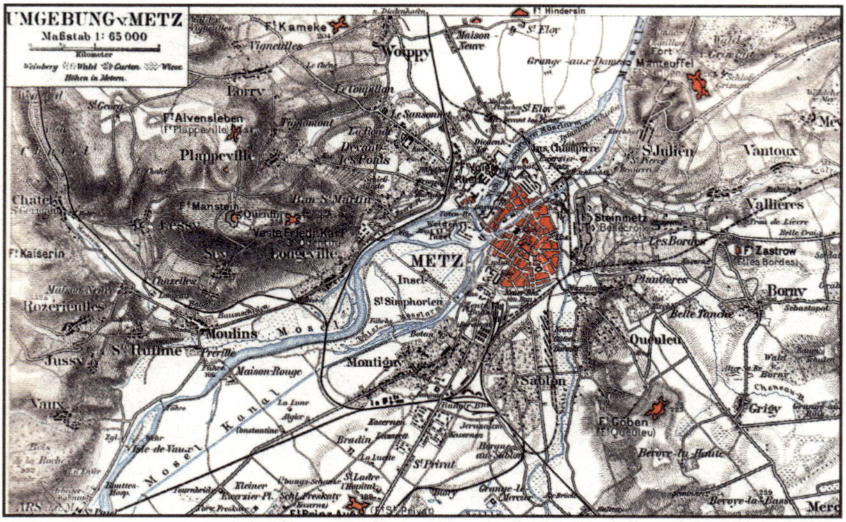

Metz und Umgebung [um 1900]

Mit dem Bau der an der Westfront liegenden Festungen wurde 1899 begonnen [fertiggestellt bis 1908]. Bis 1910 waren hier vier 15 cm-Schirmlafettenbatterien errichtet, 1913 kam eine weitere hinzu.

1904 war die Feste Wagner errichtet worden, 1907 wurde an der Ostfront mit fünf weiteren Werken begonnen. Die vorgeschobenen Ostbatterien [bei Sorbey, Mont, Lemmersberg und Ste. Barbe] waren 1909 vollendet, im gleichen Jahr auch die Batterie bei Crépy. Auch kam es zur Anschaffung von 58 Schutzschilden für Festungs-Maschinengewehre sowie von 1.000 Schützenblenden.

1912 wurde mit dem Ausbau der Nordwestfront begonnen, 1913 mit dem Bau von Zwischenraumstreichen und Garbenwehren bei den Steinbrüchen von Amanweiler sowie eines Infanteriewerks auf der Fèves-Kuppe.

An allen Fronten entstanden zu dieser Zeit neue Zufahrtswege. Bis 1914 waren alle Werke nach den neuesten Erkenntnissen der Kriegswissenschaft verbessert worden.

Sierck. Blick auf die Mosel

Stadtplan von Metz [um 1900]

Bitsch

Aufgabe:

Sperrung von Straßen und Bahnen in ihrem Wirkungsbereich.

Bitsch am Nordabfall der Vogesen

Zur Geschichte:

Die Anfänge der Festung reichen bis ins 14. Jahrhundert zurück, wo die Grafen von Zweibrücken hier ein festes Schloss besaßen. Der Vorläufer der wilhelminischen Festung ist aber eine französische Anlage gewesen, die 1680/83 nach Plänen von Vauban errichtet worden war. 1697 [Frieden von Rijswijck] wurde die Analge zwar geschleift, aber ab 1738 von den Franzosen wieder aufgebaut.

Nach 1871 kam die Festung an das Deutsche Reich, diente weiter als Sperrfort und wurde durch Erddecken sowie Brust- und Schulterwehren verstärkt. 1885 wurde Bitsch in die „in erster Linie und unter allen Umständen zu erhaltenden und verstärkenden Festungen“ eingereiht.

Festung „Kaiser Wilhelm II."

Aufgabe:
Die Festung sollte den rechten Flügelstützpunkt für eine Heeresabteilung bilden und gegen eine von Süden anrückende Armee das Gebiet behaupten [mit Unterstützung von Straßburg] und so das Rheintal sperren.

Zur Geschichte:
In den Jahren 1893/95 wurde auf einem Höhenzug westlich von Molsheim das Ostfort, 1895/97 das Westfort errichtet. Die beiden Forts erhielten in den folgenden Jahren weitere Verstärkungen und wurden zu einer einheitlichen Befestigungsgruppe verbunden. 1898/99 bekam die Blottenspitze eine 10 cm-Schirmlafettenbatterie, ebenso die Kuppe 375.

Bis zum Beginn des Ersten Weltkrieges wurde die Anlage ständig erweitert und verstärkt. Hervorzuheben ist der Bau einer Panzerbatterie mit vier 10 cm-Kanonen auf der Kuppe 374, wodurch sich die Zahl der Panzergeschütze auf zwölf erhöhte.

Anmerkung: Das Festungszentrum des Deutschen Reiches bildeten Magdeburg, Spandau und Küstrin.

Im Osten

Zum Krieg in Ostpreußen während des Ersten Weltkrieges: Gemäß des Schlieffenplans sollte Ostpreußen bis zum endgültigen Sieg im Westen nur schwach verteidigt werden. Für die Landesverteidigung standen nur drei Armeekorps zur Verfügung.

Die Weichsellinie hingegen [mit den Festungen Danzig, Graudenz und Thorn] sollte auf jeden Fall gehalten werden.

Im August 1914 wurde durch den Oberbefehlshaber der deutschen Truppen in Ostpreußen [von Prittwitz] die Schlacht bei Gumbinnen abgebrochen. Wegen der Gräueltaten der russischen Truppen an der deutschen Zivilbevölkerung, kam es zur Flucht der Bevölkerung.

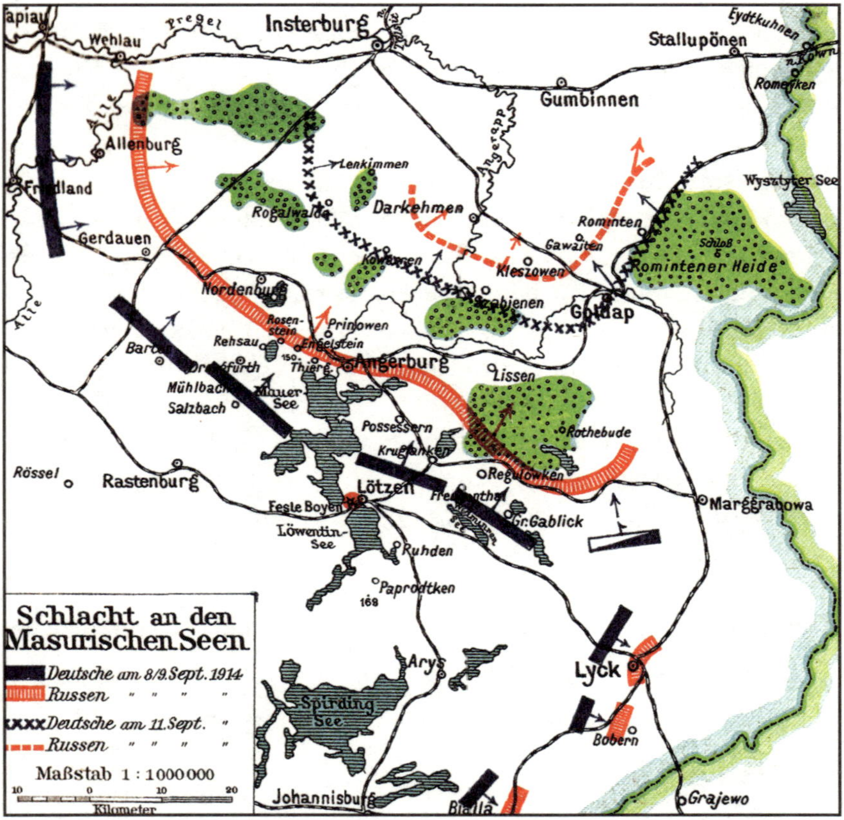

Die Feste Boyen bei Lötzen

Die deutsche Oberste Heeresleitung missbilligte die Maßnahmen von Prittwitz und ersetzte diesen durch Hindenburg und Ludendorff.

Nach der Schlacht von Tannenberg, bei den Masurischen Seen und der Winterschlacht von Masuren waren die Russen geschlagen und der Krieg in Ostpreußen erst einmal vorbei. Die Festungen an der Weichselfront hatten danach nichts mit dem Kriegsgeschehen zu tun.

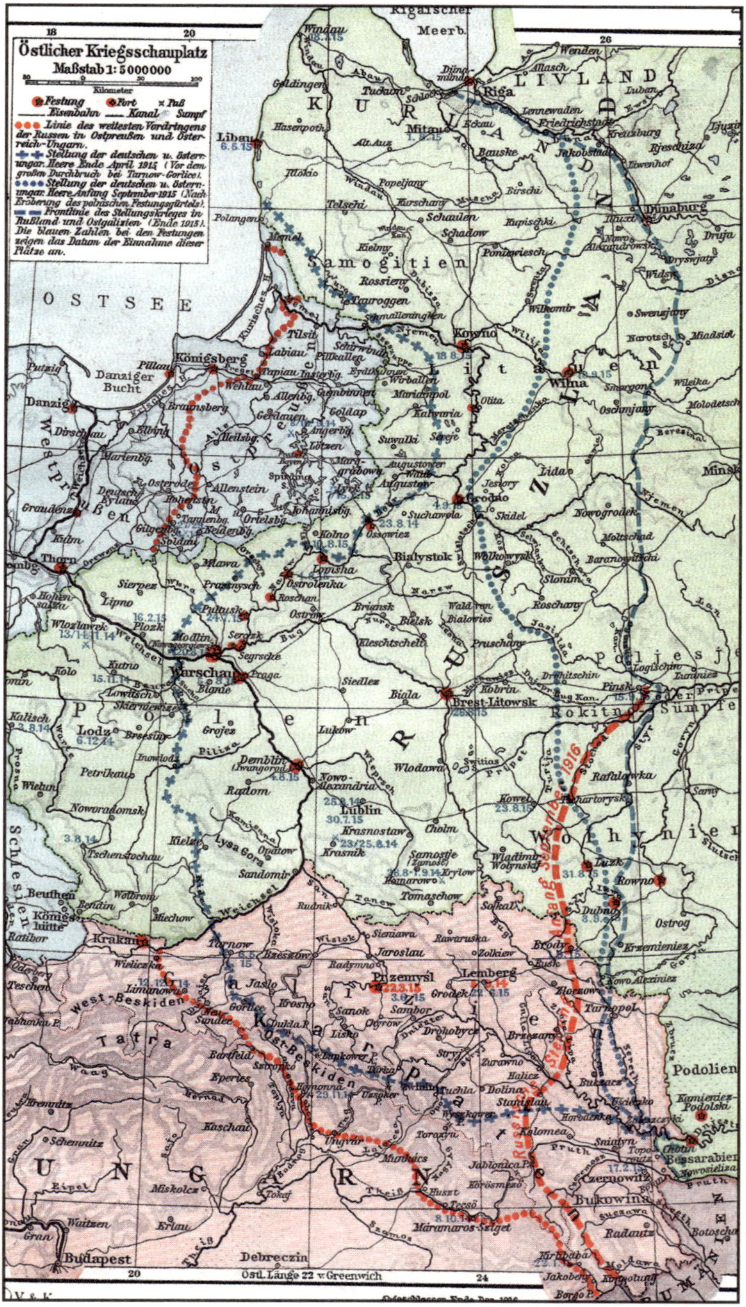

Der östliche Kriegsschauplatz während des Ersten Weltkrieges

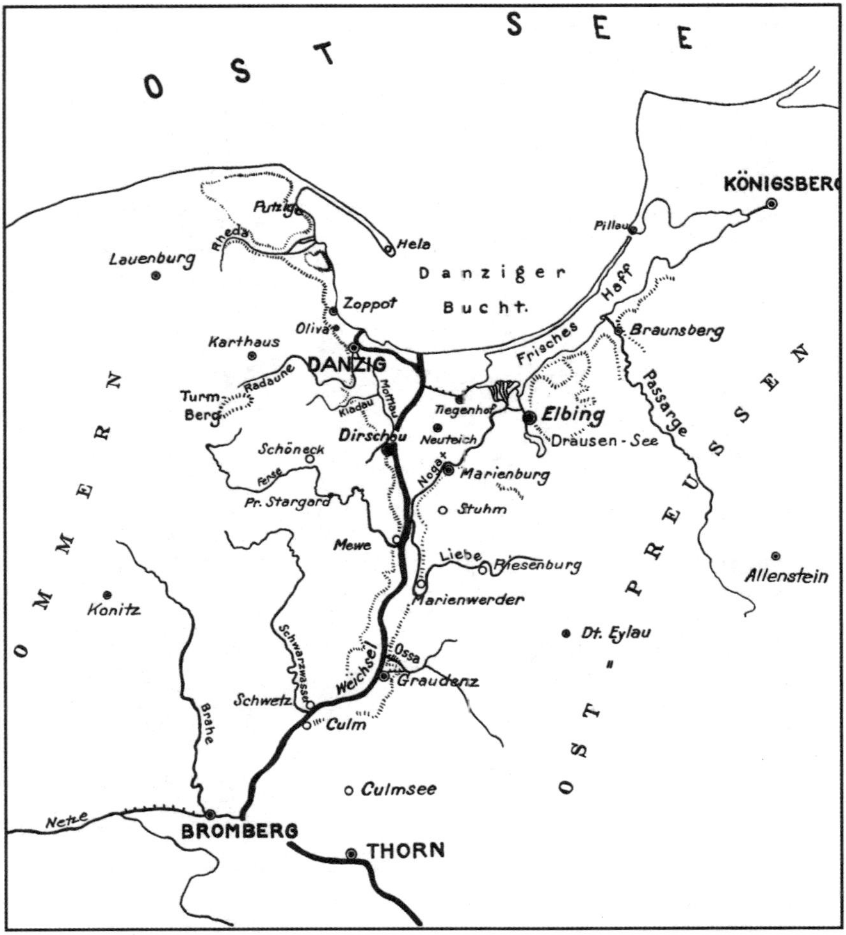

Skizze der Weichsel von Danzig bis Thorn

Die Feste Boyen bei Lötzen konnte bei dem Vorstoß der Russen von diesen nicht genommen werden. Beim deutschen Gegenangriff diente die Festung dann als Stützpunkt der vorrückenden deutschen Armee.

Anmerkung:
Auf der Landenge zwischen Löwentinsee und Kisainsee befand sich die Feste Boyen. Lötzen war ein kleines Städtchen mit einem im Jahr 1285 erbauten Schloss.

Königsberg

Aufgabe:

Königsberg hatte nach Räumung der östlichen Provinzen „einen Stützpunkt der Landesverteidigung“ zu bilden. Auch sollte die Festung zurückgehenden Heeresteilen die Aufnahme im Samland gewährleisten.

Zur Geschichte:

Die Altstadt von Königsberg, dessen Burg 1255 der Deutsche Orden zum Schutz gegen die Samländer errichtete, wurde 1256 in der Gegend des späteren Steindammes erbaut. Nach der Zerstörung durch die Pruzzen stellte man sie im Tal unterhalb des Schlossberges neu her. 1268 erhielt Königsberg das Stadtrecht.

Seit 1626 gab es um die Stadt herum Wall und Graben [mit Bastionen gesichert]. Zur gleichen Zeit war auch das Fort Friedrichsburg vollendet.

1724 vereinigte König Friedrich Wilhelm I. die drei Königsberger Städte und errichte um sie herum eine einzige Befestigung. Im Siebenjährigen Krieg besetzten Russen, 1807 die Franzosen die Stadt.

Seit 1843 wurde Königsberg zu einer Festung ersten Ranges ausgebaut. Bei diesem Ausbau bezog man die Befestigung von Lötzen mit in die Planung ein, was die Bedeutung dieser Sperrstellung deutlich machte.

Man begann, die Stadt mit einer „Enceinte“ [eine zusammenhängende, einen bestimmten Raum umgebende Kette von Festungswerken] zu versehen. Nach deren Fertigstellung sollten auch noch vorgeschobene Werke folgen.

Die Wallbefestigung entstand in der damals stärksten Ausbauart nach dem neupreußischen System. Ab 1859 galt die Umwallung als verteidigungsfähig.

Schlosshof [um 1920]

Endgültig beendet waren die Baumaßnahmen jedoch erst 1890, als auch die Fertigstellung der Wiesenfront [zwischen den Bastionen Pregel und Litauen] vermeldet werden konnte. In der Kaiserzeit maß man einer Festungswallanlage mit innerem Verteidigungsring große Bedeutung bei.

In den Jahren 1874/89 wurde die Festung noch durch zwölf detachierte Forts verstärkt. Nach Einführung der Brisanzgranaten war auch hier eine allgemeine Verstärkung der Anlagen erforderlich.

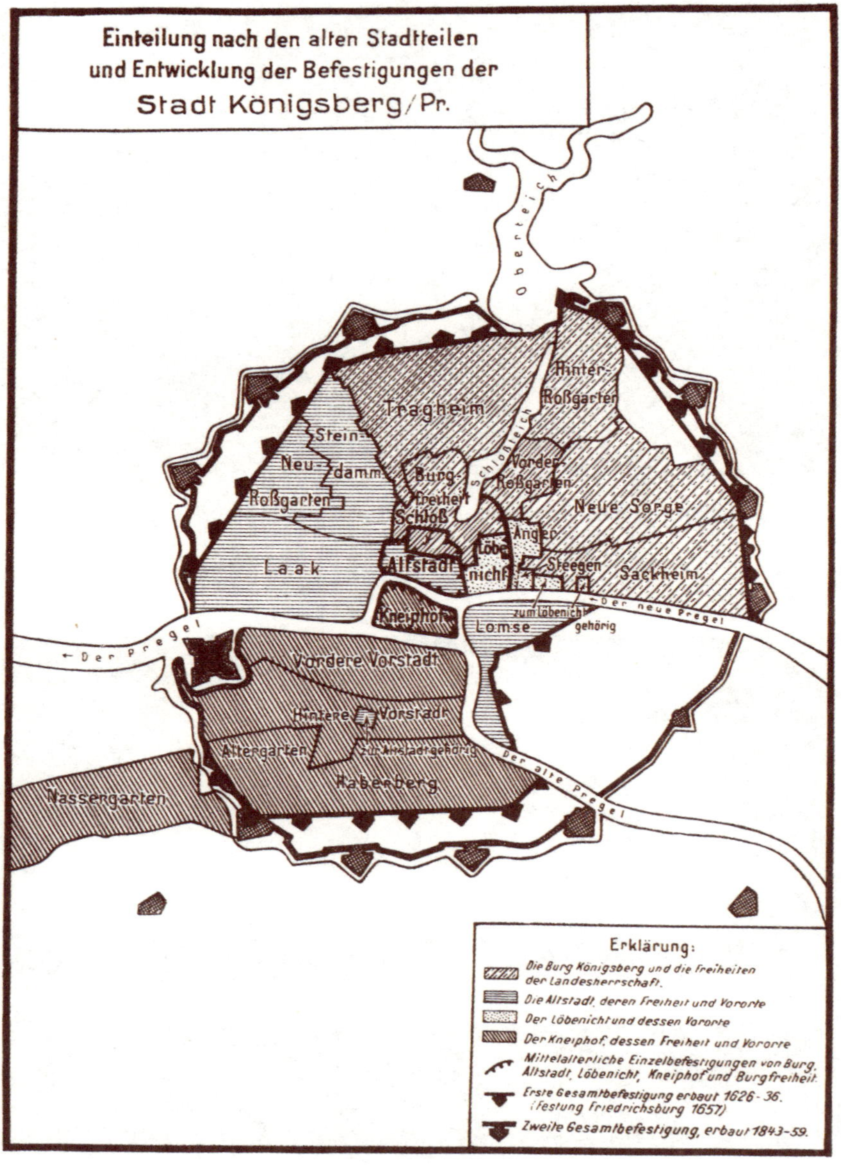

Deutscher Michel am Wrangeltor [um 1920]

Blick durch Geschützstand auf den Oberteich [um 1925]

Um 1905 wurde wegen der Eisenbahn eine teilweise Auflassung der Stadtumwallung erwogen. Als Ersatz waren allerdings Panzerbauten geplant.

1910 erhielt die Eisenbahnverwaltung den für ihre Zwecke benötigten Teil der Umwallung, der übrige Teil der Umwallung kam an die Stadt.

Als Ausgleich sollte die Fortlinie verstärkt werden. 1912 entstanden mehrere Infanteriestützpunkte in der Fortlinie sowie eine Luftschiffhalle. 1913 konnte auch eine Großfunkstation und ein Flugplatz in Betrieb genommen werden.

Bemerkenswert ist, dass von den die Anlagen, die nach der Entfestigung 1910 bzw. 1918 erhalten geblieben waren, im Zweiten Weltkrieg beim „Endkampf" um Königsberg noch die Rolle von Stützpunkten spielen konnten.

Rossgärter Tor [um 1925]

Das Ausfalltor von Danzig

Danzig

Aufgabe:
Die Küstenbefestigungen hatten feindliche Übergriffe von See aus auszuschließen. Mit der Landbefestigung war die Stadt – mit ihren für das Militär so wichtigen Anlagen – gegen einen Handstreich zu sichern.

Zur Geschichte:
Danzig wurde erstmals 977 urkundlich erwähnt. Danach war es Hauptort im Herzogtum Pomerellen und kam 1309 an den Deutschen Orden.

Schon 1107 gab es in Danzig eine Burg, der Ausbau des Ordensschlosses begann 1335. Doch schon 1454 löste sich die Stadt vom Deutschen Orden und geriet 1466 [2. Thorner Friede] unter die Hoheit des polnischen Königs.

Die alten Stadtmauern ersetzen 1519/73 die Erdwälle und die Westfront erhielt eine Befestigung nach dem Bastionärsystem. 1590 war die Festung Weichselmünde errichtet, die danach durch Schanzen und

Wälle mit der Stadtbefestigung verbunden wurde. 1655 legte man sowohl auf dem Hagelsberg als auch auf dem Bischofsberg Erdbefestigungen an und baute diese bis 1710 immer weiter aus. 1788/90 kamen vier weitere Werke auf der Westerplatte hinzu.

Von 1793 bis 1807 war Danzig preußisch. In dieser Zeit wurden die Werke auf der Westerplatte und die Festung Weichselmünde weiter ausgebaut und noch drei weitere Werke errichtete.

1807 besetzten französische Truppen den Ort und Napoleon erhob Danzig zur Freien Stadt.

1814 kam Danzig wieder an Preußen zurück. Die neuen Herren ersetzten viele der vormals provisorisch errichteten Anlagen durch ständige Werke und schufen 1844/46 die Mövenschanze, das Fort Neufähr [1845/50] und das Fort Brösen [1868/71].

1892 erhielten die Kriegspulvermagazine durch Sandpolster und Betondecken erhebliche Verstärkungen. Ab 1900 wurden für die Stadtbefestigung von Danzig dann keine Mittel mehr bereitgestellt.

Langbrücke und Mottlau [1770]

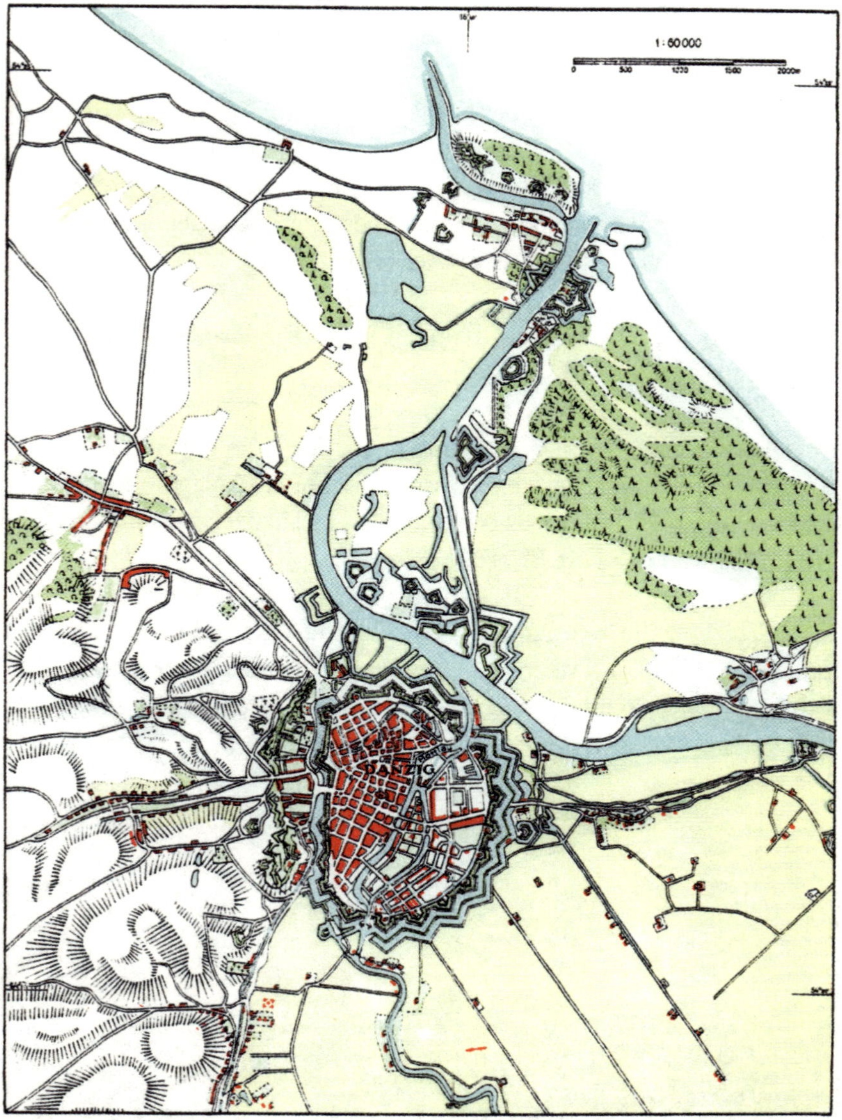

Die Landschaft um Danzig 1813

Siedlungsfläche
Gewässer
Wiese
Wald
Grünfläche

Das Hohe Tor 1617

Das Hohe Tor 1832

Die Landschaft um Danzig 1890

Siedlungsfläche	Wiese
Industriegelände	Wald
Gewässer	Grünfläche

Graudenz

Aufgabe:

Die Festung Graudenz hatte für die deutschen Truppen einen gesicherten Uferwechsel zu gewährleisten, einem Feind aber das Überschreiten des Stromes zu verwehren.

Zur Geschichte:

Die Geschichte der Stadt Graudenz kann bis zum Jahre 1291 zurückverfolgt werden.

Blick von der Weichsel auf die Stadt Graudenz

1466 kam Graudenz unter polnische, 1772 unter preußische Herrschaft. In den Jahren 1772/89 wurde Graudenz auf Befehl Friedrichs des Großen zur Festung ausgebaut, um auf dem östlich der Weichsel erworbenen Gebiet einen festen Stützpunkt zu verfügen.

1807 konnte Graudenz erfolgreich gegen die Truppen Napoleons gehalten werden. 1874 musste die Festung allerdings vorrübergehend aufgelassen werden. Doch schon 1889 war die Festung wieder in einen verteidigungsfähigen Zustand gesetzt – durch den Bau einer Eisenbahnbrücke über die Weichsel war die militärische Bedeutung von Graudenz sehr gesteigert worden.

Graudenz sollte nun zu einer großen Brückenkopfbefestigung ausgebaut werden. Deshalb stellte man nicht nur die alten Anlagen wieder her, sondern man begann auch mit dem Bau eines neuen Befestigungsgürtels.

In den Jahren 1889/1907 erhielt der Große Pfaffenberg eine Gruppenbefestigung für fünf Kompanien, eine Panzerbatterie [mit vier 15 cm-Haubitzen] sowie fünf leichten Batterien. In den Jahren 1891/1901 kam auf der Böslershöhe eine Befestigungsgruppe mit einem Infanteriewerk, einer Batterie mit drei 10 cm-Kanonen und einer Batterie mit zwei 5 cm-Kanonen hinzu.

Auf dem Kleinen Pfaffenberg baute man schließlich 1892/1905 noch zwei Untertrete-Räume für drei Kompanien, eine Batterie mit vier 5 cm-Kanonen, eine offene 12 cm-Batterie und eine offene 9 cm-Batterie.

In den Jahren 1896/1906 kamen noch sechs Infanteriewerke und eine Batterie für drei 10 cm-Kanonen dazu.

Im Bericht der Großen Festungs-Generalstabsreise ist Graudenz als eine halboffene, nach Westen hin unbefestigte Festung, die als ein Brückenkopf auf dem östlichen Weichselufer zu betrachten sei, beschrieben.

Anmerkung:
Eine Linie neuer Werke und Panzerbatterien konnte wegen des Kriegsausbruchs 1914 nicht mehr gebaut werden.

Thorn

Aufgabe:

Die Festung Thorn hatte die Aufgabe, den deutschen Truppen einen gesicherten Übergang über die Weichsel zu ermöglichen. Dagegen sollte sie – in Verbindung mit den übrigen Weichselfestungen – dem Feind den Übergang über die Weichsel verwehren.

Thorn im 17. Jahrhundert

Zur Geschichte:

In napoleonischen Zeit wurden die Vorstädte von Thorn beseitigt und mit einer Neubefestigung der Stadt begonnen.

1815 fiel Thorn wieder an die Preußen, welche die Arbeiten an den Befestigungsanlagen in den Jahren 1820 bis 1832 fortsetzten. Thorn erhielt eine Befestigung nach dem neupreußischen System: Neben der Umwallung gab es ein Fort, einen Brückenkopf, sechs Lünetten und ein Wasserreservoir. Außerdem ist hier die Defensionskaserne am Weichselufer, das Artilleriewagenhaus an der Stelle der niedergelegten

Alte Stadtmauer [um 1930]

St. Lorenz-Kirche sowie das Garnisonslazarett zu nennen. Ebenso entstanden in der Zeit neue Kasernen.

1866 war das Eisenbahnfort errichtet und Thorn 1876 zur „Festung mit Armierung 1. Ordnung“ bestimmt. Ein Jahr später begann der Bau eines neuen Fortgürtels [Fertigstellung 1882]: Sieben Forts, ein Zwischenwerk sowie die zu den Werken führenden Straßen.

1880 kam es zu einer Erweiterung der Stadtumwallung im Norden und Osten. Die wegen der Brisanzgranaten nötigen Verstärkungsbauten konnten bis 1890 fertiggestellt werden.

Dazu verstärkte die Fortlinie 1894 die Feste „König Wilhelm I." sowie sechs weitere kleinere Werke. An der Südfront waren außerdem zwei Panzerbatterien sowie eine 10 cm-Schirmlafettenbatterie errichtet worden. Später sind die Werke noch mit Fenster- und Schartensicherungen sowie Luftdrucktüren ausgerüstet worden.

Die Stadtbefestigung im Nordwesten

Im Bericht der Großen Festungs-Generalstabsreise von 1911 wird Thorn [im Gegensatz zu den sonstigen Weichselfestungen] als allseitig geschlossene Festung bezeichnet, die zu selbständiger Verteidigung fähig sei.

Feste Boyen

Aufgabe:
Die Feste Boyen sperrte die nördlichste Enge der Masurischen Seen.

Zur Geschichte:
Mit dem Bau der Feste Boyen ist um 1843 begonnen worden. Ihre Fertigstellung dauerte 17 Jahre [bis 1860]. Auch hier mussten nach der Einführung der Brisanzgranaten weitere Modernisierungen vorgenommen werden, die in den Jahren 1886/91 zur Ausführung kamen. 1913 brachte man auch einen Teil der Artillerieausrüstung auf den wehrtechnisch neuesten Stand. Während des Ersten Weltkrieges hatten die Russen die Feste Boyen eingeschlossen, allerdings verzichteten diese auf eine regelrechte Belagerung.

Marienburg

Aufgabe:
Die Befestigungen bei Marienburg hatten die Brücken Marienburg-Dirschau zu schützen. Außerdem sollte die Festung einer zurückgehenden deutschen Armee den Übergang sowohl über die Nogat als auch über die Weichsel ermöglichen bzw. einer offensiv vorgehenden deutschen Armee das rechte Nogatufer offen halten.

Zur Geschichte:
1772 kam die Marienburg an Preußen, 1889 verlor sie ihren Status als Festung. Zur Sicherung der Nogat- und Weichselübergänge bei Marienburg und Dirschau sollte dort künftig eine brückenkopfartige Befestigung entstehen. 1899 begann der Bau von zehn Infanteriewerken [Fertigstellung 1903], sieben offenen Batterien sowie den zu ihnen führenden Kriegsstraßen.

1903 wandelte man den bisherigen Oberbauposten Marienburg in eine selbständige Fortifikation um. 1910 wurde Marienburg wieder zur Festung erklärt.

Des Meisters Sommerremter im Ordensschloss

In der Großen Festungs-Generalstabsreise von 1911 ist die Festung nur als „minder große Sturmfreiheit“ eingestuft. Allerdings wird betont, dass sie unter Mitwirkung des Feldheeres am rechten Weichselufer durchaus zu verteidigen sei.

Die Marienburg wurde wie die anderen Weichselfestungen zum „festen Rückhalt einer zähen, auch vielfacher Überlegenheit standhaltenden Flussverteidigung“ gezählt.

Kulm

Aufgabe:

Die Befestigungen bei Kulm sollten den eigenen Weichselübergang sichern und dem Feind einen solchen verwehren.

Stadt Kulm [um 1940]

Zur Geschichte:

1231 errichtete hier der Deutschen Orden eine Burg, bei der schließlich ein Ort entstand. Dieser erhielt 1233 das Stadtrecht. 1466 fiel die Stadt mit dem übrigen Kulmer Land an Polen und kam erst 1772 an Preußen.

1901 errichtete man zum Schutz der unbefestigten Stadt Infanteriewerke. Zwei Jahre später erhielt Kulm eine selbständige Fortifikation und 1910 wurde die Stadt zur Festung erklärt. Jetzt zog sich eine Linie aus Infanteriewerken und [vorbereiteten] offenen Artilleriestellungen halbkreisförmig am Ostufer der Weichsel hin. Im Kriegsfall hatte [als Ersatz für die Fähre] eine schwere Pontonbrücke bereitgehalten zu werden.

Glogau

Aufgabe:

Die Festung Glogau sollte die in ihrem Bereich liegenden Brücken sichern und diese für den Übergang eines deutschen Feldheeres erhalten.

Zur Geschichte:

Die Stadt Glogau geht etwa auf das Jahr 1030 zurück. Eine Erweiterung von Stadt und Befestigung erfolgte um 1120. Die Stadt war der Hauptort des gleichnamigen Fürstentums.

1526 kam Glogau an die Habsburger. 1630 begannen diese mit einer neuen Befestigung: Neuer Hauptwall und Anlage von Erdwällen. 1656/90 verstärkten die Österreicher die Stadtumwallung durch eine Anlage von Bastionen.

1741 [während des Ersten Schlesischen Krieges] nahmen preußische Truppen die Stadt ein. Ein Jahr [1742] später kam sie endgültig an Preußen, das die Befestigungen der Stadt ständig weiter ausbaute.

1806 fiel Glogau in die Hände der Franzosen, welche die Befestigungen durch eine Anlage auf dem rechten Oderufer verstärkten. 1814 kapitulierte die französische Besatzung der Stadt vor einer russischen Belagerungsarmee. Danach ging Glogau wieder an Preußen.

Ab 1816 besserten diese die im Krieg beschädigten Befestigungsanlagen aus, bevor in den Jahren 1825/60 noch neue Werke errichtet wurden. Ab 1866 gab es hier auch ein provisorisches Fort.

In den Jahren 1870/74 musste die Stadtumwallung wegen der Eisenbahn durchbrochen werden. Dies erforderte zahlreiche Umbauten und Verstärkungen. 1881/83 wurde das 1866 errichtete Fort weiter verstärkt, sodass 1886 Glogau eine Besatzung und Ausrüstung hatte, die gegen einen verstärkten Angriff einer Feldarmee genügte.

Im Jahre 1900 gab man die Festung allerdings wieder auf. Eine Ausnahme bildeten die Anlagen, die unmittelbar für den Brückenschutz erforderlich waren. Die Auflassung der Stadtumwallung erfolgte im Jahre 1903.

Steinau

Aufgabe:
Die dortige Eisenbahn- und Straßenbrücke sollte gegen fremde Zerstörung gesichert werden, ggf. sollte eine eigene Brückensprengung ermöglicht werden.

Zur Geschichte:
In den Jahren 1901/1904 errichtete man zwei Blockhäuser stromaufwärts der Straßenbrücke sowie Postenstände und Minenkammern, ebenso Gitterabschlüsse für die Zugänge der Straßen- und Eisenbahnbrücke.

Breslau

Aufgabe:
Die Festung Breslau sollte gegen Handstreiche von feindlicher Kavallerie gefeit sein und Widerstand gegen reine Feldarmeen leisten können.

Zur Geschichte:
Der böhmische Herzog Wratislaw I. [891–921] ließ hier auf dem rechten Oderufer eine Burg errichten. Um 1000 sehen wir Breslau bereits als Bischofssitz. Obwohl die Mongolen die Stadt 1241 niederbrannten, erscheint sie schon bald danach als Hauptort des Herzogtums Breslau.

1527 kam Breslau an die Habsburger, die es dann bis zum Ersten Schlesischen Krieg dauerhaft in Besitz hatten: 1741 besetzten preußische Truppen die Stadt. Ein Jahr später [1742] musste Breslau von Maria Theresia endgültig an Preußen abgetreten werden.

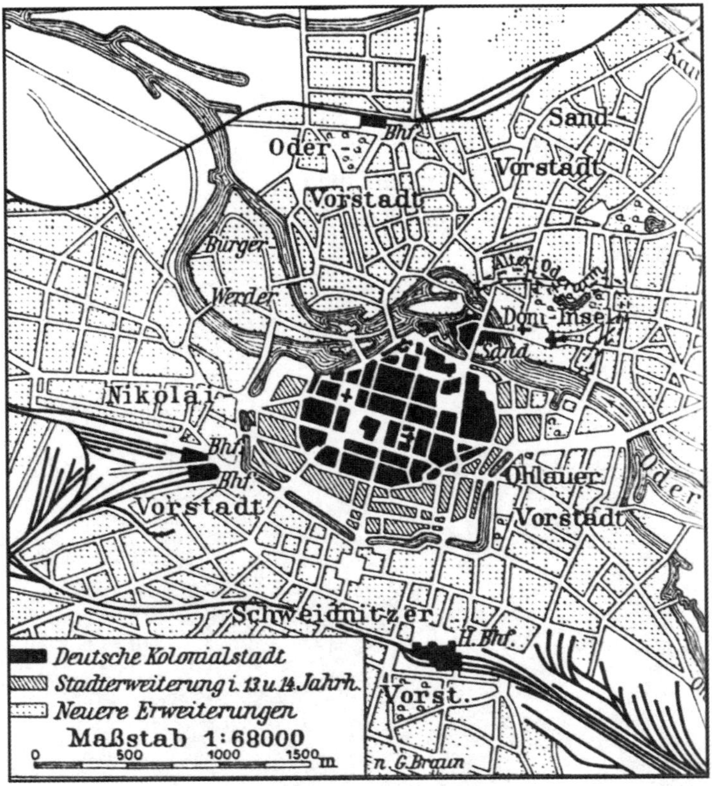

Grundriss von Breslau [17. Jahrhundert]

Im Siebenjährigen Krieg belagerte Laudon vergeblich die Stadt. Doch 1807 konnten die Franzosen Breslau nach kurzer Belagerung einnehmen, woraufhin Napoleon eine Entfestigung vornehmen ließ. Die vollständige Umwandlung der 1808 geschleiften Festungswerke in Anlagen geschah nach dem Pariser Frieden.

In der wilhelminischen Kaiserzeit bestimmte man im Jahr1889: „Der Schutz von Breslau ist durch Ausführung von Befestigungen vorzusehen …"

Die Arbeiten zur Befestigung von Breslau erfolgten in den Jahren 1890 bis 1901. 1906 bzw. 1910 errichtete man noch 2 bzw. 3 Infanterie-Stützpunkte und erklärte Breslau zur Festung.

Küstrin

Aufgabe:
Die Festung Küstrin sollte einer deutschen Armee das Vorbrechen auf das Oder- und Wartheufer ermöglichen.

Anmerkung:
Die Festung Küstrin lag genau dort, wo sich Polen wie ein Keil zwischen Westpreußen/Netzedistrikt und Schlesien weit nach Westen vorschob.

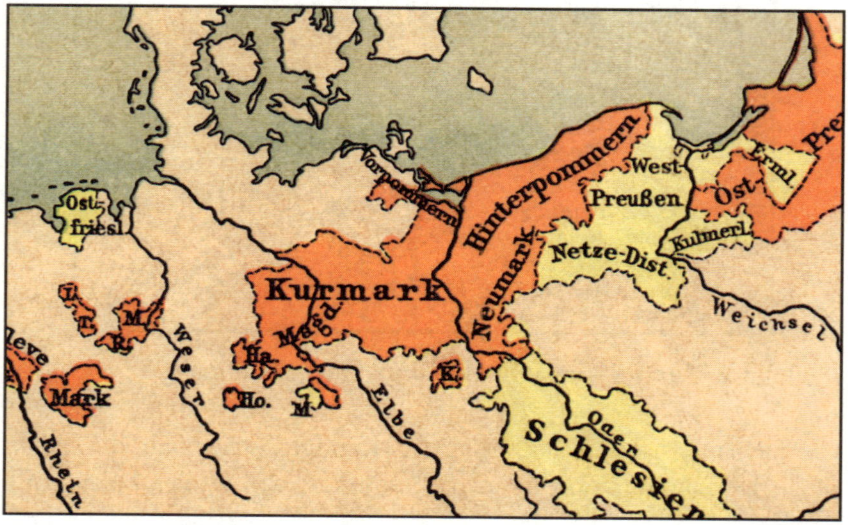

Preußen unter Friedrich dem Großen

Zur Geschichte:
Küstrin, 1232 erstmals urkundlich erwähnt, kam zwanzig Jahre später [1252] an Brandenburg, von einer Befestigung der Stadt hören wir erst im Jahre 1537.

1619 bis 1640 errichtete man zur Verteidigung der Oderbrücke auf dem linken Oderufer eine Schanze, 1672 die Bastion Brandenburg.

Schloss Küstrin
[hier war Friedrich der Große gefangen]

Die Festung wurde 1758 von den Russen zerstört und kam von 1806 bis 1814 in der Hand der Franzosen.

1823 erweiterten die Preußen die Brückenkopfbefestigung. In den Jahren 1860/72 nahmen sie weitere Arbeiten an den Befestigungsanlagen vor.

Nach der Auflassung von Stettin, gelangte Küstrin zu noch größerer Bedeutung. Die Festung sollte nun mit detachierten Forts ausgestattet werden. Von den sieben geplanten Forts konnten in den Jahren 1883/89 allerdings nur die Forts Zorndorf und Gorgast gebaut werden.

1886 erfolgte die Einstufung von Küstrin als minderwichtige Festung, trotzdem wurden von 1887/90 noch die Forts Säpzig und Tschernow gebaut. Aus dem Bericht einer kleinen Festungs-Generalstabsreise aus dem Jahre 1910:

„Die Armierungsarbeiten bei Küstrin sind in Folge des völlig mangelnden Ausbaus des Zwischengeländes und der großen Waldzone im Nordosten so umfangreich, dass trotz der zur Verfügung stehenden Zeit kaum alle vom Kommandanten vorgesehenen vorgeschobenen Stellungen ausgeführt werden können."

In einem Brief des Generalkommandos des III. Armeekorps aus demselben Jahr wird [wegen Geldmangels] die Verschiebung bzw. der gänzliche Verzicht von Teilen der Arbeit in der Fortlinie und Kernumwallung angesprochen.

Posen

Aufgabe:

Die Festung Posen sollte einer deutschen Armee die freie Bewegung innerhalb ihrer Kanonen ermöglichen sowie dieser einen gesicherten Übergang über die Warthe ermöglichen.

Zur Geschichte:

Posen liegt an einer besonders günstigen Übergangsstelle über die Warthe. 968 wurde der Ort bereits als Bischofssitz erwähnt. Der Hauptteil der Stadt wurde 1253 durch deutsche Kolonisten angelegt. Bis 1296 war sie Residenz der polnischen Herzöge.

1793 kam die Stadt Posen an Preußen. Von Napoleon wurde sie dann dem Großherzogtum Warschau zugeschlagen, kam aber nach dem Untergang Napoleons wieder zu Preußen. In den Jahren 1829/37 wurden in Posen erste Befestigungsanlagen errichtet [darunter Fort Winiary]. 1872 erhielt Posen eine Stadtumwallung, und die Befestigungsanlagen auf dem rechten Wartheufer wurden weiter ausgebaut.

Auch wurde die Errichtung vorgeschobener Werke angeordnet. So entstanden in den Jahren 1873/83 neun Forts und drei Zwischenwerke. Wegen der Einführung der Brisanzgranaten waren in den Jahren 1887/96 weitere Verstärkungen nötig.

Posen mit Umwallung im „neupreußischen System“

Wegen der Auflassung der Stadtumwallung auf dem linken Ufer wurden weitere Bauten in den Zwischenfeldern errichtet. 1910 verfügte die Festung neun Forts, über neun Zwischenwerke und eine offene Batterie.

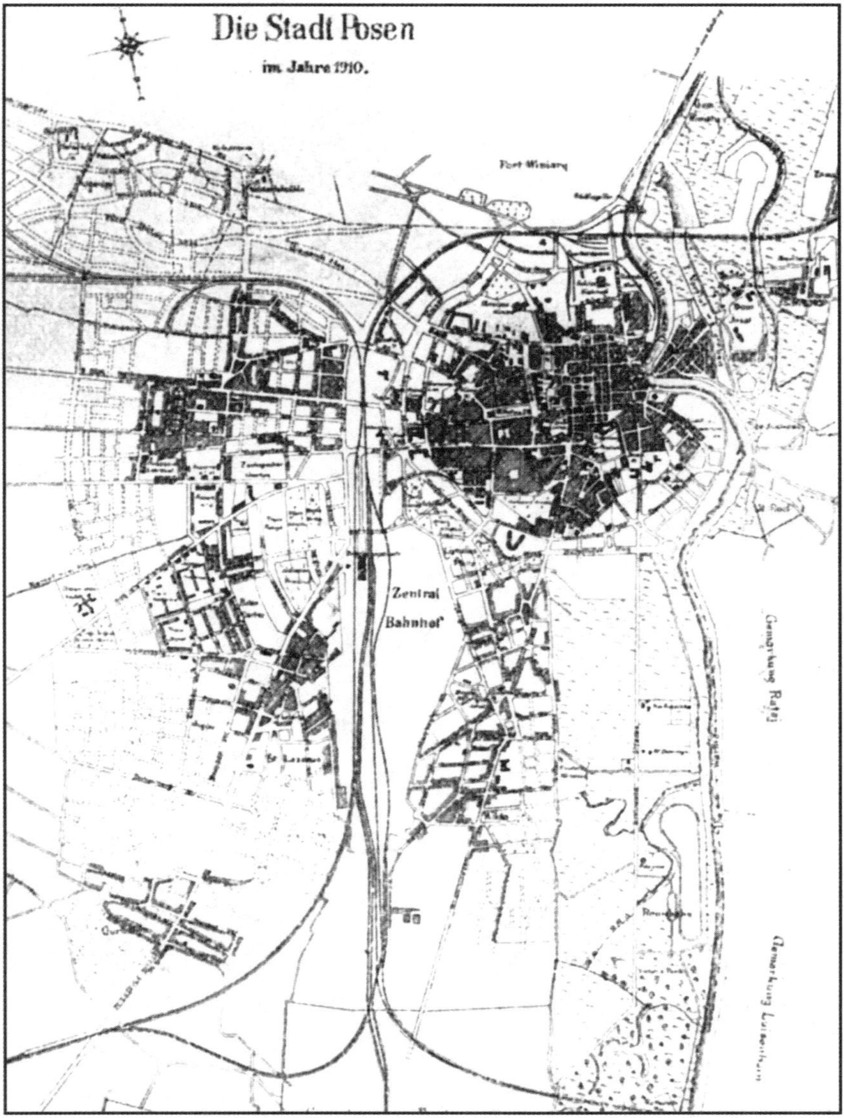

Posen nach der Auflassung der Hauptumwallung

Die Küstenbefestigungen im Norden

Küstenbefestigungen sollten dem Feind den Zugang zu Häfen und Küstenplätzen verwehren sowie deren Beschießung entgegenwirken und feindliche Landungsversuche verhindern.

An der Ostssee gab es deutsche Küstenbefestigungen bei Pillau, Danzig, Swinemünde sowie Kiel-Friedrichsort, an der Nordsee solche an der Weser- und Emsmündung sowie bei Cuxhaven und auf Helgoland.

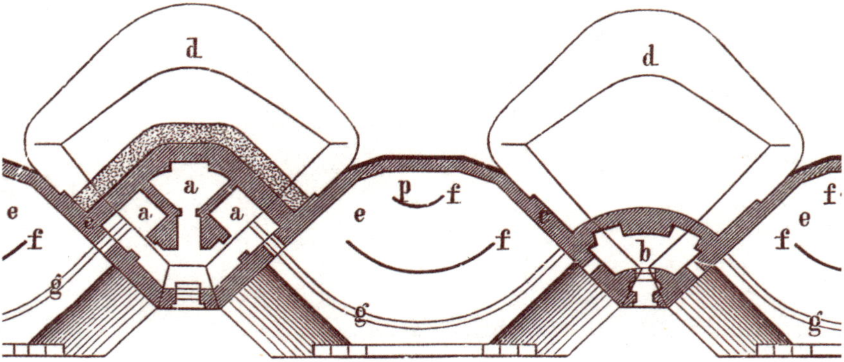

Offene Küstenbatterie

a Munitionsräume, b Schutzhohlraum, c Mauerwerk, d Traversen, e Geschützstände (Betonbettung), f Schwenkschienen für die Rahmenräder der Lafetten, g Schienengleise für den Geschoßwagen, p Pivot.

Pillau

Die Stadt Pillau liegt zwischen der Ostsee und dem Frischen Haff auf einer Landzunge am Eingang zum Haff, dicht neben der Festung das 1510 entstandene Gatt oder Pillauer Tief. Die Festung selbst war ein ziemlich regelmäßiges Fünfeck, welche das Gatt beherrschte.

Der Hafen diente in der wilhelminischen Kaiserzeit zugleich als Vorhafen von Königsberg, Elbing und Braunsberg. Auf der Nordermole stand ein Leuchtturm, auf der Südermole eine 6 m hohe Barke.

Die Garnison bestand aus einem Infanterie-Bataillon Nr. 43 und einem Bataillon Fußartillerie Nr. 2. Das Dorf Alt-Pillau und die Festung wurden 1902 in die Stadt integriert.

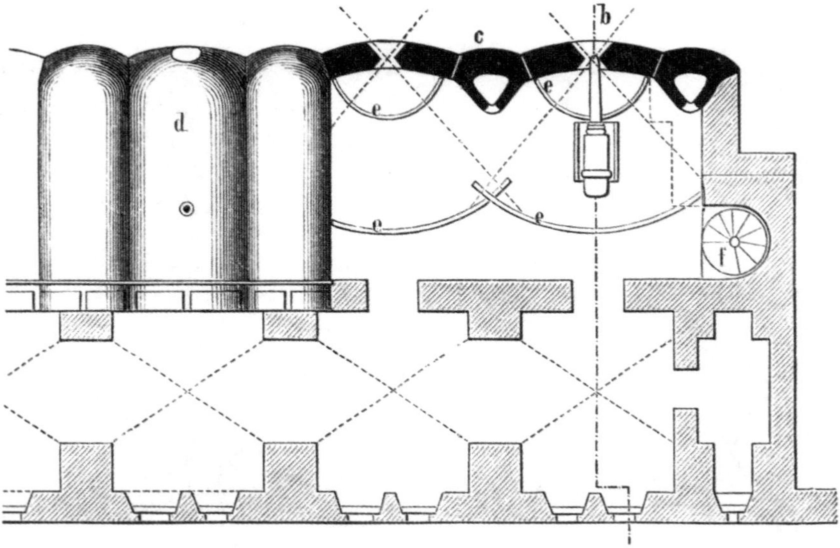

Gepanzerte Küstenbatterie

c Wagerechter Querschnitt des Stirnpanzers aus Hartguß, d Panzerdecke, e Schwenkschienen für die Rahmenräder der Lafette, f Treppe.

Zur Geschichte:

1626 landete Gustav Adolf in Pillau. Der Ort ging aus Befestigungsanlagen hervor, welche von den Schweden angelegt und bis 1635 in deren Besitz gehalten wurden. Erst 1725 erhielt Pillau durch Friedrich Wilhelm I. das Stadtrecht.

1758 bis 1773 war Pillau von den Russen besetzt. 1807 konnte sich die Festung gegen die Franzosen behaupten, wurde aber 1812 durch Vertrag an diese übergeben und ein Jahr später wieder geräumt.

Danzig

In der wilhelminischen Kaiserzeit bestanden die Befestigungen der Stadt aus einem Hauptwall mit 20 Bastionen. Sämtliche Gräben vor dem Hauptwall waren mit Wasser angefüllt, die Umfassung zu zwei Dritteln durch die Weichsel und durch Überschwemmungen [mittels Steinschleuse am Legetor] gedeckt.

Der Hauptwall besaß nur vor drei Fronten kleine Ravelins und Lünetten als Außenwerke vor sich. Nach den überschwemmten Seiten hin [Norden, Osten, Westen] gab es einen gedeckten Weg mit Glacis.

Die nahe an die Stadt tretenden Höhen [Hagelsberg, Bischofswerk] im Westen waren als zweite Verteidigungslinie mit eigenen Werken besetzt.

Der Hagelsberg war durch eine gedeckte Kaponniere mit der Stadt verbunden. Mit neun Defensivkasernen in den Werken wurde die Stadt zusätzlich verstärkt.

Mehrere einzelne Außenwerke gab es vorgeschoben an wichtigen Punkten. Von der Nordseite der Stadt zog sich eine Reihe von Werken bis zur Weichselmündung hin. Dort endeten sie mit Batterien am Kanal Neufahrwasser und dem Hafenkanal. An diesem Kanal lag bei Neufahrwasser der Hafen [mit großer Steinmole und zwei Leuchttürmen].

An der rechten Weichselmündung lag die Festung Weichselmünde. Diese war ein bastioniertes Viereck, das mit der Westerplatte und mehreren Forts sowohl den Flecken als auch den Kanal und die Reede Neufahrwasser deckte. Durch den Holm, einer befestigten Insel in der Weichsel sowie mehreren Forts, wurde die Verbindung zwischen Danzig und dem 4 km entfernten Weichselmünde hergestellt.

Blick von der Grünen Brücke über die Mottlau

Ab 1880 fanden größere Umstrukturierungen bei den Befestigungsanlagen von Danzig statt. Ein größerer Teil dieser Anlagen erfuhr Verbesserungen oder Umbauten, dagegen wurden andere einfach aufgegeben.

1892 erhielten die Kriegspulvermagazine durch Sandpolster und Betondecken erhebliche Verstärkung. Ab 1900 standen für die Befestigungsanlagen von Danzig keine weiteren Mittel mehr zur Verfügung.

Man plante sogar, die Stadtbefestigung [nach Fertigstellung der Werke von Marienburg] zu verkaufen. Der Verkauf unterblieb aber, weil man der Stadtbefestigung größeren Wert gegen einen handstreichartigen Überfall beimaß.

Swinemünde

Swinemünde ist eine Stadt auf der Insel Usedom und liegt an der Mündung der Swine. Sie hatte einen großen Hafen [Vorhafen von Stettin], der an der Seeseite durch einige Forts befestigt war.

Zur Geschichte:
Der Ort wurde 1748 von Friedrich dem Großen bei dem Dorf Westswine angelegt. 1785 erhielt Swinemünde Stadtrechte.

Kiel und Umgebung

Der Kieler Busen erstreckt sich auf einer Länge von 18 km in das Land hinein und besteht aus zwei Teilen.

Der äußere Teil [zwischen dem Leuchtturm von Bülk und der Kolberger Heide] hat eine Breite von 7 km. Bei Friedrichsort verengt er sich auf 1.200 m, hier beginnt auch der eigentliche Hafen.

Dieser war in der Kaiserzeit 9 km lang und erweiterte sich auf eine Breite von 3.000 m.

Der Kieler Busen war zugleich Kriegshafen und Stationsort für die deutsche Ostseeflotte, wozu er sich durch seine gute Verteidigungsfähigkeit besonders eignete.

Karte der Pommerschen Bucht

In Kiel befanden sich das Kommando der Marinestation der Ostsee, die Kommandos der 1. Matrosen-Division, der 1. Werft-Division sowie der 2. Festungsinspektion. Außerdem standen hier die Inspektionen des Torpedowesens, der Marineinfanterie sowie des Bildungswesens der Marine. Auch das Sanitätsamt der Marinestation der Ostsee war hier angesiedelt.

Die Garnison bestand aus der 1. Matrosen-Division, 1. Werft-Division, 1. Torpedoabteilung, einem Seebataillon und einem Infanteriebataillon Nr. 85.

Zum Hafen von Kiel:
Der Hafen war der beste deutsche Ostseehafen und befand sich auf der östlichen Seite der Bucht. Die Hafenanlagen bestanden aus der Schiffswerft der kaiserlichen Marine [mit zwei Bassins für Schiffbau und Schiffsausrüstung], den drei Helligen, den beiden großen Trockendocks [von je 140 und 175 m Länge sowie einer Breite von je 30 m], den Schwimmdocks und dem neuen Ausrüstungsbassin [800 m lang, 300 m breit].

Die Befestigungen des Kriegshafens [wodurch Kiel zu den Festungen gehörte] lagen meist an der Stelle, wo die Kieler Förde eine Einbuchtung zeigte. Sie bestanden aus den beiden Forts Friedrichsort und Falkenstein sowie mehreren Strandbatterien.

Kiel-Friedrichsort

Friedrichsort geht auf den dänischen König Friedrich III. zurück, der hier 1663 eine Festung errichtete. 1813 konnte diese dänische Festung von den Schweden erobert werden.

Seit der Abtrennung von Dänemark [1864] hatte Preußen die Festung bedeutend verstärkt. Sie gehörte zusammen mit den Werken zwischen Labö und Möltenort zu dem Hauptteil der Befestigungen zum Schutz des Kieler Kriegshafens.

Kiel und Umgebung

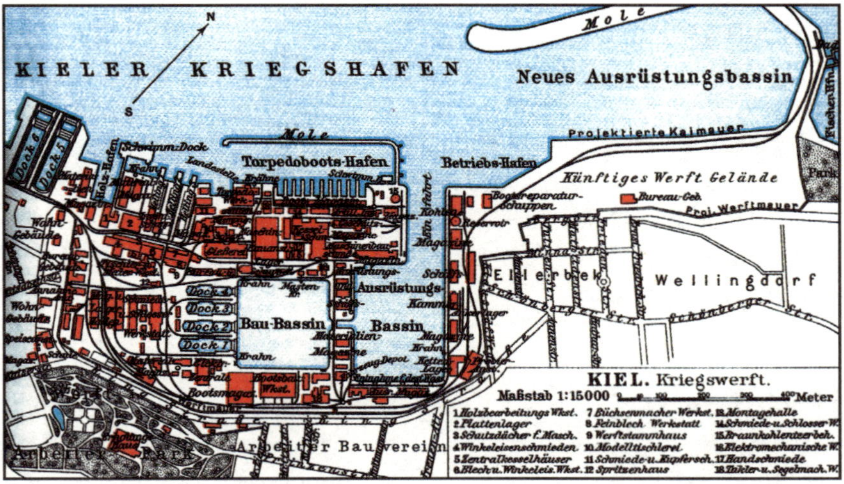

Kieler Kriegshafen

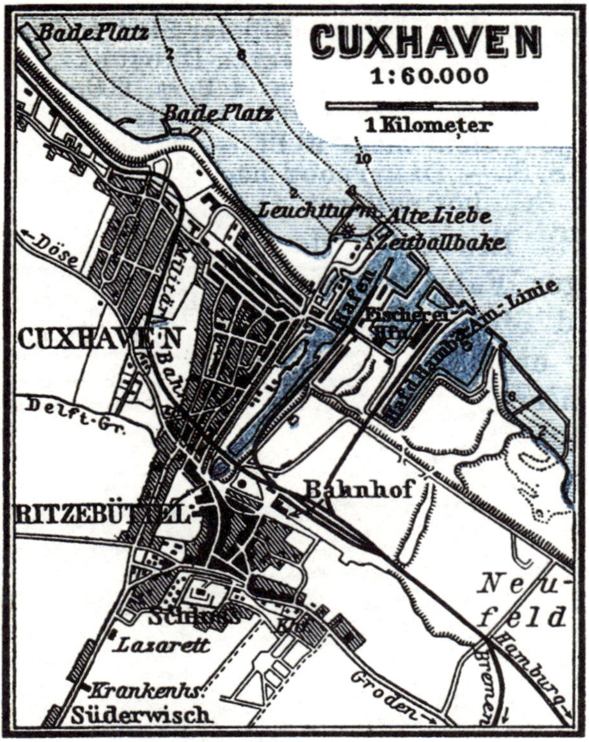

Der Hafen von Cuxhaven

Cuxhaven

In der wilhelminischen Kaiserzeit war Cuxhaven eine Stadt und Hafenort im Hamburger Amt Ritzebüttel. Seit 1394 gehörte Cuxhaven schon zu Hamburg. 1873 wurde die Stadt aus dem Flecken Cuxhaven und Ritzebüttel gebildet und hatte einen großen, neuen Hafen, einen Leuchtturm sowie Festungswerke. Im Jahre 1900 war hier eine Garnison Matrosenartillerie.

Helgoland

Die Insel Helgoland kam im 14. Jahrhundert an das Herzogtum Schleswig. Bis 1714 gehörte sie den Gottorper Herzögen und fiel danach an Dänemark. 1807 besetzten die Engländer die Insel und nutzten sie bei der Kontinentalsperre als Stapelplatz für die Schmuggelwaren. Im Kieler Frieden [1814] musste Dänemark Helgoland an England abtreten. 1849 lieferte hier die neue deutsche Flotte, 1864 die österreichische Flotte den Dänen ein Seegefecht. Im Jahr 1890 tauschte das Deutsche Reich Sansibar gegen Helgoland ein. Die Insel kam 1892 an Preußen, welches den roten Felsen befestigte.

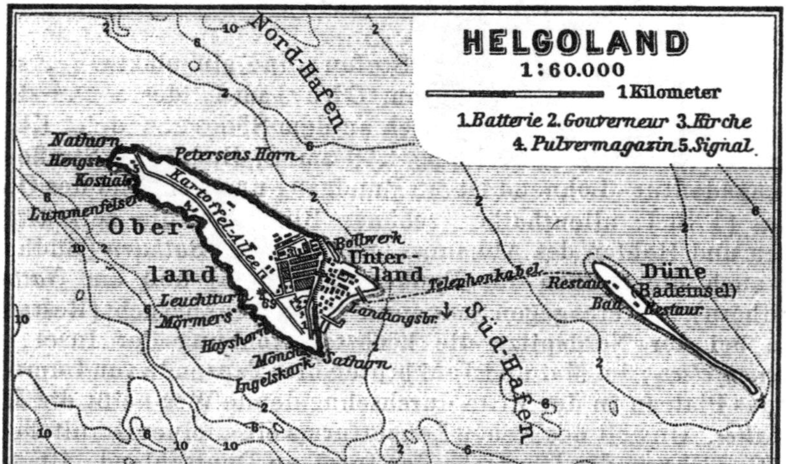

Helgoland

Im Süden

Königstein

Charakter:
Die Festung Königstein hatte den Charakter eines Sperrforts.

Friedrichsburg als Teil der Festung Königstein

1872 wurde für die veraltete Festung angeordnet, „nur Ausstattung, Ausrüstung und Besatzung gegen den gewaltsamen Angriff vorzusehen." 1905 bestand die Besatzung der Festung aus einem Detachement [gebildet aus den Infanterie-Regimentern Nr. 102, 103 und 178].

Während des Zweiten Weltkrieges wurde die Festung von den Nazis – wie auch schon in früheren Zeiten – als Aufbewahrungsort für Kostbarkeiten benutzt. Hinter den zweieinhalb Meter dicken Mauern der Kasematten lagerten 17 weltberühmte Gemälde der Dresdner Galerie, der einzigartige Eck-Altar sowie weitere 450 Kisten mit Schätzen aus den Dresdner Kunstsammlungen. 1940 hatte man diese heimlich über den Lastenaufzug an der Südwestseite in die Festung geschafft. Die Mannschaft war davon nicht informiert.

Glatz

Aufgabe:
Aufgabe der Festung Glatz war es, die durch das Neißetal nach Böhmen und Mähren führenden Straßen und Bahnlinien zu sperren.

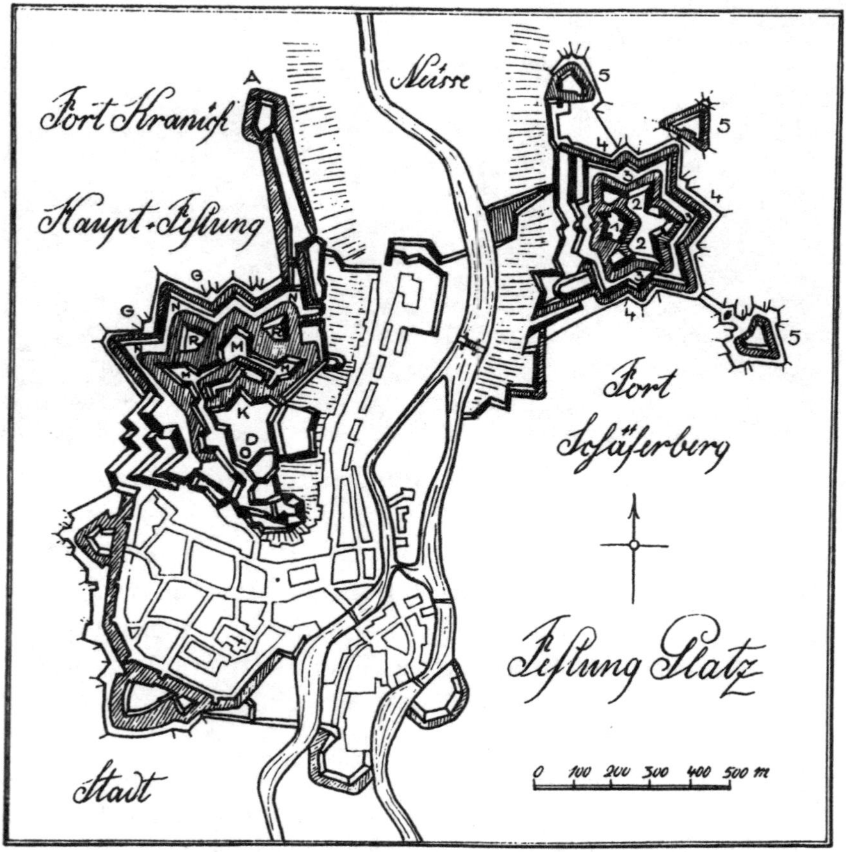

Plan der Festung Glatz
[nach Vorstellungen Friedrichs des Großen]

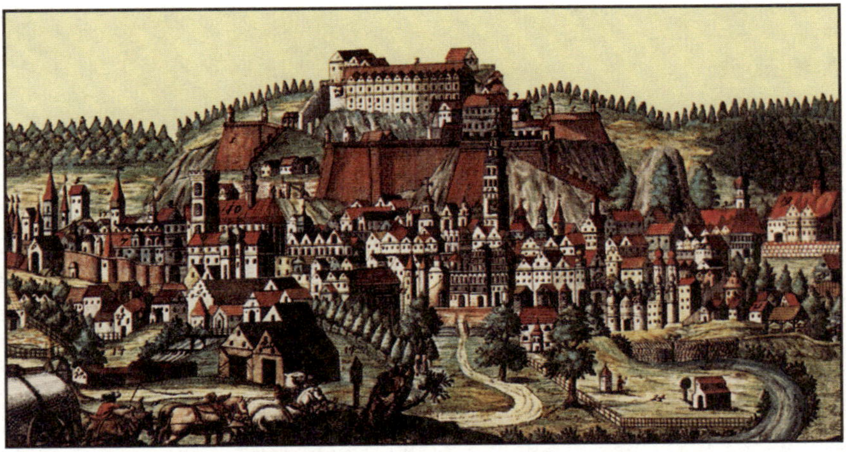

Glatz im 17. Jahrhundert

Zur Geschichte:

Die Stadt Glatz gehörte zusammen mit der gleichnamigen Grafschaft zuerst zu Böhmen [Österreich]. Im Ersten Schlesischen Krieg musste Kaiserin Maria Theresia die Grafschaft an Preußen abtreten.

Die Geschichte von Glatz kann bis 981 zurückverfolgt werden, wo hier bereits eine Burg existierte. 1114 wurde Glatz erstmals als Stadt erwähnt, die im Laufe der Zeit zu einer starken Festung ausgebaut wurde.

1869 wurde die Festung Glatz auf die beiden Kernwerke Donjon und Schäferberg beschränkt. Nach 1871 erhielten die Befestigungsanlagen nur geringfügige Verstärkungen.

Im Jahr 1900 wurde angeordnet: „Glatz und Neiße sind ohne Aufwendung bedeutender Mittel in ihrem gegenwärtigen Zustand zu belassen".

Die Einschätzung der Militärs zur Festung vor dem Ersten Weltkrieg: „Die Festung sei sehr wohl in der Lage, eine Beschießung durch schwere Artillerie auszuhalten."

Neiße

Aufgabe:
Für die Festung Neiße war keine bestimmte Aufgabe vorgesehen.

Zur Geschichte:
Neiße erhielt 1245 Stadtrecht. Im 14. Jahrhundert wurde die Stadt mit einer Mauer umgeben. Im Ersten Schlesischen Krieg kam die Stadt mit dem übrigen Schlesien an Preußen. 1866 wurde die Festung durch drei [behelfsmäßige] Forts verstärkt. In der Kaiserzeit entstand im Bereich der Festungswerke [auf dem rechten Neißeufer] ein Bahnhof, sodass die Ostfront aufgelassen werden musste. Dafür wurden sogenannte „Bahnhofsbefestigungen“ errichtet. Auch die dritte Front wurde zu einem ständigen Werk ausgebaut.

1889 wurde die Festung desarmiert, Teile der Befestigung aufgelassen und verkauft. Ab 1890 war für Neiße keine Kriegsbesatzung mehr vorgesehen, ab 1895 entfielen auch die Flankengeschütze. 1910 erklärte die preußische Regierung auf Anfrage, „dass Neiße als Festung strategisch, taktisch und fortifikatorisch keinen Wert mehr besitze.“ 1911 wurde deshalb die Festung Neiße aufgelassen.

Die Grenzbefestigungen nach dem I. Weltkrieg

Nach dem Ersten Weltkrieg zwangen die Sieger das Deutsche Reich [im Versailler Vertrag Art. 180/42], alle Festungen links vom Rhein und innerhalb einer Linie von 50 km rechts vom Rhein abzurüsten. Dies galt auch für die Befestigungen, die weniger als 50 km von der deutschen Küste entfernt lagen [auch Helgoland]. Darüber hinaus war es Deutschland ebenso untersagt, neue Festungen [auch an seiner Ostgrenze] zu errichten. Nach dem Versailler Vertrag durften nur die Städte Königsberg, Küstrin, Glatz, Glogau und Ulm als Festungen unterhalten werden.

Anmerkung: Als Binnenplätze mit Befestigungen galten Lötzen [Boyen], Marienburg, Breslau und Ingolstadt.

Weimarer Republik – die militärische Lage im Osten nach dem Ersten Weltkrieg

Zur Armierung von Festungen: Im Militärwesen versteht man unter Armierung die Ausrüstung einer Geschützbatterie, einer Befestigungsanlage, einer Festung usw. mit Waffen und Munition nach dem Armierungsplan.

Zum Festungsbaupersonal: Darunter versteht man das Personal, welches den Büroverwaltungs- und Baudienst in den Festungen wahrnimmt. Die Baubeamten gehören zu den oberen Militärbeamten mit Offiziersrang.

Grenze der befestigungslosen Zone

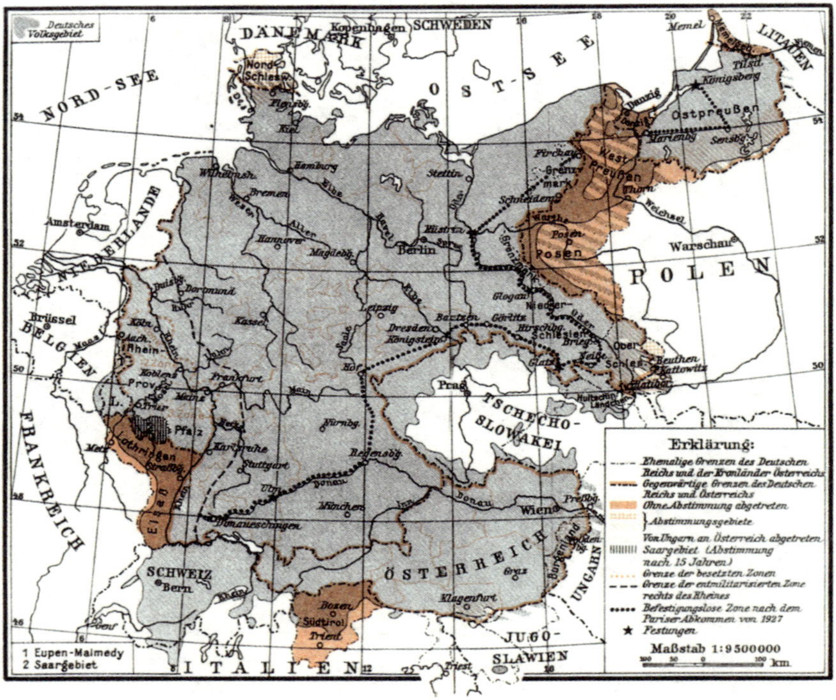

Deutschlands nach den Friedensverträgen 1919/20

Das Nachkriegsdeutschland [nach dem Ersten Weltkrieg]: Auf der gepunkteten Linie der obigen Karte [tief im Landesinneren] sieht man die Orte Ulm, Königstein, Görlitz, Glatz, Neiße und Küstrin. Sie gehören zu den Festungen, die Deutschland nach 1918 noch verbleiben sollten.

Die neue deutsche Ostgrenze war [nach den Gebietsverlusten durch die Niederlage im Ersten Weltkrieg] um fast 700 km länger geworden. Die Weichselfestungen hatten die Sieger aus dem Kranz der Befestigungen herausgebrochen, mit der Provinz war auch die Festung Posen verloren gegangen.

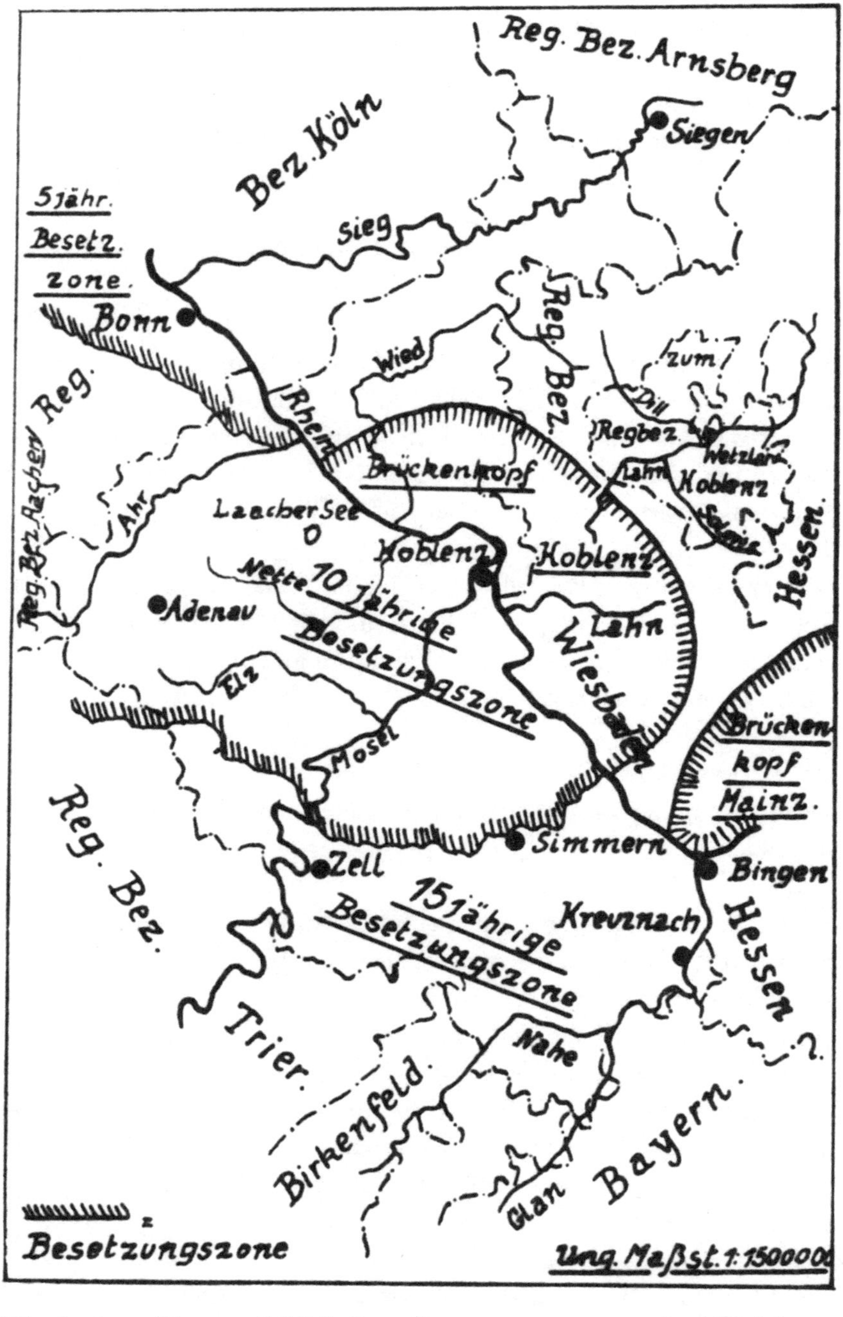

Nach dem Ersten Weltkrieg: Besetzungszonen bei Koblenz

Die Festungen im Dritten Reich

Der Westwall

Von den Befestigungen des Dritten Reiches ist wohl die bekannteste der sogenannte „Westwall“. Er wurde 1936 begonnen und war bei Kriegsausbruch im Großen und Ganzen fertiggestellt. Ursprünglich sollte er so etwas wie eine Rückendeckung bei der geplanten deutschen Expansion gen Osten sein.

Als schließlich die alliierten Streitkräfte von Frankreich aus auf die deutsche Grenze vorrückten, zeigte es sich bald, dass der hochgelobte Westwall [entlang der deutsch-belgischen, der deutsch-luxemburgischen und der deutsch-französischen Grenze] die in ihn von Hitler gesetzten Erwartungen nicht annähernd erfüllen konnte.

Zum einen war der Westwall in den Jahren zuvor zu Gunsten des Atlantikwalls seiner Waffen und Panzerungen, ja sogar seiner Minen beraubt worden. Für die Instandsetzung brauchte man aber Zeit, die immer knapper wurde.

Am 20. Dezember 1944 forderte Generalfeldmarschall von Rundstedt den Rückzug der deutschen Truppen hinter den Westwall, was Hitler aber ablehnte.

Nach dem Scheitern der Ardennenoffensive verlangte von Rundstedt sogar den Rückzug auf das rechte Rheinufer. In einem Memorandum an Hitler schrieb er, dass die Truppe nur beschränktes Zutrauen zu den Westbefestigungen habe. Sie lehne besonders die zahlreichen Bunker mit viel zu dünner Betondecke ab, weil diese schon bei leichterem Beschuss einstürzten und die Besatzung durch Flammenwerfer geblendet würde. Die Soldaten wollten die Anlagen verlassen und sich lieber im freien Gelände eingraben. Hitler, der Erbauer des Westwalls, reagierte auf dieses Memorandum mit einem Wutausbruch.

Am 15. März 1945 griff der US-General Patch mit seinen Armeekorps die deutsche Westgrenze an: Das VI. im Osten [vom Rhein bis zu den Vogesen], das XV. in der Mitte [von Bitsch bis Saargemünd] und dem XXI. im Westen [von Saargemünd bis Saarbrücken]. Am 18. März erreichte das XV. amerikanische Korps den Westwall, wo die deutschen Soldaten in ihren minderwertigen Bunkern den amerikanischen Panzergranaten und Flammenwerfern nur wenig entgegenzusetzen hatten.

Resümee:
Während des Zweiten Weltkriegs hatte man sich z. T. weit ausgedehnter Festungszonen bedient, in die die veralteten Festungen [aus früheren Zeiten] mehr oder weniger gut eingegliedert waren [Maginot-Linie, Westwall, Atlantikwall]. Dabei waren die Angreifer mit ihren Waffen den Kampfmitteln der Verteidiger stets überlegen. Von größter Wichtigkeit war nun die Erringung der Luftherrschaft, wie man dies gut aus den Kämpfen um Warschau und Lüttich ersehen kann. 1945 wurde der Westwall von den Alliierten geschleift.

Festung Königsberg

Im Dritten Reich war Königsberg Festung. Bei den Angriffsbewegungen zu Beginn des Polenfeldzug [1939] diente die Stadt als Operationsbasis für die deutschen Truppen: Hierher gelangte der Nachschub über See. Auch zu Beginn des Russlandkrieges war Königsberg wieder Operationsbasis. Eine Verstärkung der vor 1939 im Osten angelegten Befestigungsanlagen gab es während des Krieges nicht mehr – oder zu spät.

Die Russen zeigten sich bei ihrem Angriff auf Deutschland über die deutschen Festungsanlagen gut informiert. In einer russischen Untersuchung zur Bedeutung der Festung Königsberg wird betont, dass sowohl die Seeverbindung über Pillau, als auch die Straße über die Frische Nehrung zum Abzug stärkerer deutscher Kräfte ungeeignet sei. Auch stellte man in der Untersuchung fest, dass der Ausbau von Königsberg gegenüber den Weichselfestungen vernachlässigt worden sei.

Gauleiter Koch bei der Besichtigung von Verteidigungsanlagen rund um Königsberg

Ebenso erkannten die Russen, dass die Verstärkung der Ziegelmauern der Forts durch Beton unzureichend sei, Eisenbeton sei aber nicht verwendet worden. Auch wies man auf den Mangel an Zwischenwerken sowie auf das Fehlen einer inneren Verteidigungslinie hin. Der Südabschnitt weise keine guten Artilleriestellungen auf. Ein Angriff aus Süden böte sich an, da keine vorgelagerten Stellungen vorhanden seien. Auch führten alle Hauptverbindungen von Russland aus in den Süden der Festung.

Zusammenfassend betonten die Russen noch einmal den geringen operativen Wert der Festung Königsberg.

Nachdem sich die Lage des Krieges immer mehr zu Ungunsten Deutschlands entwickelte, erklärte Hitler Städte wie Breslau oder Königsberg zu Festungen, aber auch ganze Gebiete wie den Harz oder die Alpen. Mit dem Festungswesen früherer Zeiten hatte dies aber nur noch recht wenig zu tun.

ENDE